知覚・認知の発達心理学入門

実験で探る乳児の認識世界

山口真美・金沢 創 編集

北大路書房

■ はじめに ■

　本書は知覚発達のさまざまな領域を担う若手研究者が分担し，乳児を対象とした知覚・認知発達とその周辺の最新知識を網羅して書かれたテキストである。大学や大学院で知覚発達を実際に研究してみたい人，臨床心理学や教育現場・保育の現場などで乳児の世界について勉強してみたい人，これから子育てに入る予定の人，子育てについて改めて考えてみたい人，さまざまな読者を対象にしたものだ。

　本書で扱う「知覚発達研究」は，その一般的な方法がエレノア・ギブソンやファンツなどによって確立した，1960年代以来の歴史をもつ。一方日本国内では，1949年に著名な社会心理学者である三隅二不二先生が，乳児を対象にした「形の恒常性」の実験研究を発表している。日本の知覚発達研究は，国際的にも先駆けとなるものなのである。

　歴史的に見ると初期の知覚発達研究が空間にかかわるテーマを扱ってきたのに対し，ゲシュタルト心理学の流れをくむ分野の中で形態知覚の研究が行なわれてきた。本書は，こうしたさまざまな知覚の領域を網羅すべく，形・顔・空間・クロスモーダルといった研究領域と，実際に研究する時に役に立つ知識や現場の情報を網羅している。

　それぞれの領域で，この本が役に立つことができればさいわいである。本書を作成・編集するにあたり，北大路書房の薄木敏之氏にはたいへんお世話になった。知覚はさまざまな領域に跨るもので，それぞれの執筆者はそれぞれの領域を担う若き研究者たちである。そんな執筆者あってのこの本であり，今後再び続編を作る機会ができることを願っている。知覚の領域は本当に多岐にわたるので，もっと広い領域を網羅した，第二弾や第三弾を編集できればと思っている。

2008年2月

編者　山口真美・金沢　創

目次

はじめに

1章 ── 色とその恒常性　　1
1　色が見えるということって？　1
2　青い色は，見えにくい？　4
3　色と明るさ，どちらが先にわかるようになるの？　6
4　色は，照明の影響を受けないか？　7
5　色は周りの影響を受ける　9

2章 ── 形態知覚の発達1：知覚的体制化　　13
1　知覚の体制化の能力　13
2　新生児期の形態知覚　16

3章 ── 形態知覚の発達2：主観的輪郭の知覚　　23
1　主観的輪郭の知覚について　23
2　主観的輪郭の生起メカニズム　24
3　乳児にも主観的輪郭が見えるか？　25
4　主観的輪郭を検出する能力　27
5　カニッツァ図形からの奥行き知覚　30
6　主観的輪郭を知覚している際の脳活動　31
7　さまざまな図形からの主観的輪郭の知覚　33

4章 ── 形態知覚の発達3：アモーダル補完　　37
1　アモーダル補完知覚のメカニズム　37
2　乳児も隠された物体を認識するか？　39
3　乳児のアモーダル補完に対する形状の効果　40
4　幼い乳児は遮蔽された物体の形態情報を使っているか？　41

5　静止情報からのアモーダル補完知覚　42
　　6　棒のつながり知覚に有効な運動パターン　43
　　7　アモーダル補完の能力の発現期　45

5章──乳児にとっての参照枠　47

　　1　参照枠の定義と種類　47
　　2　乳児が自己中心的参照枠を用いていることを示す研究　49
　　3　乳児が環境中心的参照枠を用いていることを示す研究　51
　　4　まとめ　54

6章──空間視の初期発達　57

　　1　はじめに　57
　　2　両眼立体視の発達　58
　　3　絵画的奥行き手がかりによる奥行き知覚　60
　　4　運動性の奥行き手がかりによる奥行き知覚　63
　　5　まとめ　66

7章──顔知覚の発達　69

　　1　はじめに　69
　　2　乳児の顔の知覚　69
　　3　顔の全体処理と部分処理　71
　　4　倒立顔の認識　72
　　5　さまざまな角度から見た顔の認識　73
　　6　運動情報による顔認識の促進効果　74
　　7　発達の脳内メカニズム　76

8章──視聴覚統合の発達　83

　　1　はじめに　83
　　2　成人のインターモーダル知覚　86
　　3　乳児のインターモーダル知覚　88
　　4　インターモーダル知覚が乳幼児の言語獲得にはたす役割　94

9章 ── 視覚の系統発生：ヒト以外の霊長類の知覚発達との比較から　99

1　「比較認知発達」の視点　99
2　空間知覚　100
3　顔の認識　107
4　まとめ　110

10章 ── 乳児期における発達と障害　113

1　赤ちゃんの時期に発見が望まれる障害　113
2　障害の検出や予測に用いられる手法　115
3　終わりに　120

11章 ── 早産児・新生児の視覚環境　121

1　早産児・新生児の視覚における2つのシステム　121
2　メラノプシンとロドプシン・コーンオプシンの発達はどちらが先か？　124
3　新生児期における知覚・認知システムにおける新しい仮説：メラノプシン視覚システムの関与　128
4　メラノプシンは早産児の発達にどのように影響するのか　129
5　早産児・新生児の視覚研究が追究するテーマとして重要なものは何か？　131

12章 ── 乳児を対象とした脳機能計測　133

1　NIRSの原理　133
2　10-20システム　135
3　実験デザイン　136
4　データ解析　137
5　研究事例　140
6　終わりに　141

引用・参考文献　143
索引　165

●カラー口絵

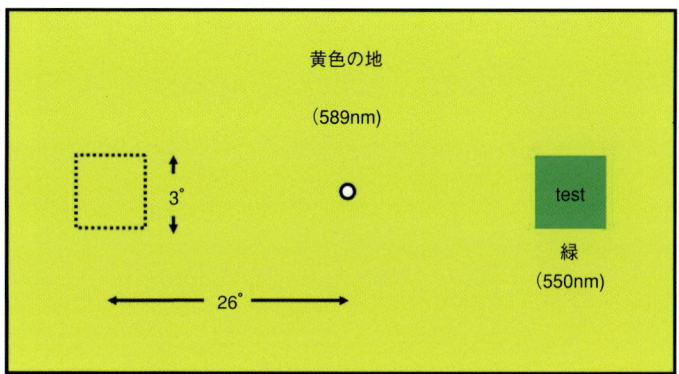

図1-2 色の弁別実験（Hamer et al., 1982）

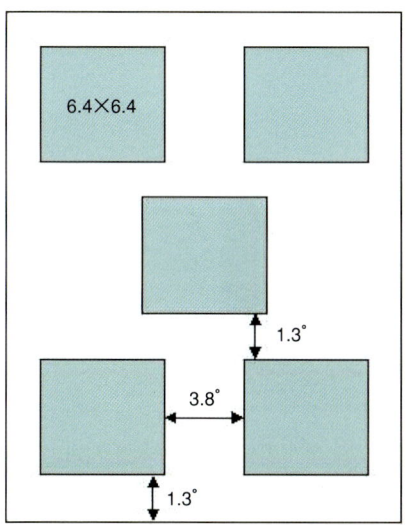

図1-3 色の恒常性の実験（Dannemiller & Hanko, 1987）

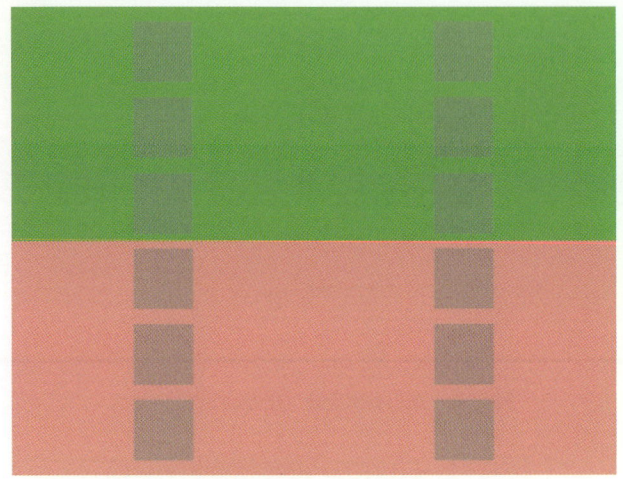

図 1-6　色対比の実験（Okamura et al., 2007）
縦に並んだ6つの小さな四角形は，すべて同じ灰色であるかのように見えるが，ほんとうは真ん中を境に2つの色に分かれている。

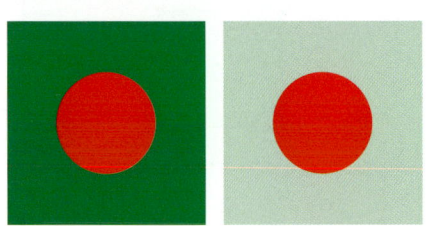

図 2-2　リープマン効果（Liebmann, 1927）

カラー口絵

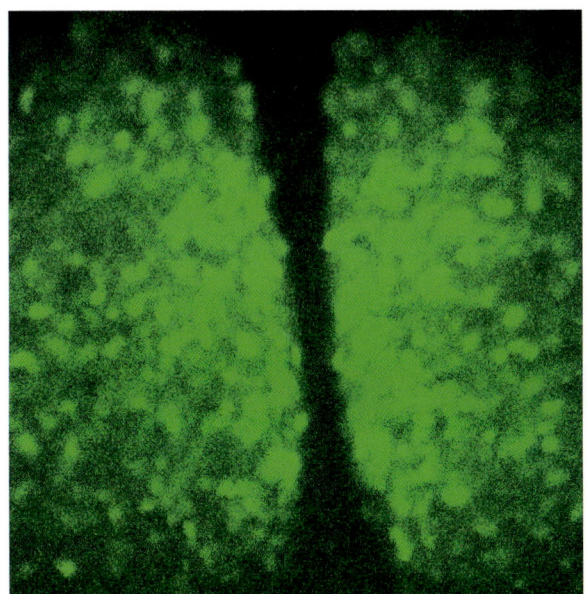

図11-5 マウス生物時計の神経細胞が刻むサーカディアン・リズム（Ohta et al., 2005）
生物時計（左右2つの神経核）に存在する個々の神経細胞が24時間周期で発光を繰り返す。神経細胞内の時計遺伝子の働きに合わせ，遺伝子操作によって組み込まれたクラゲ発光蛋白が発色する（写真の緑色の部分）。

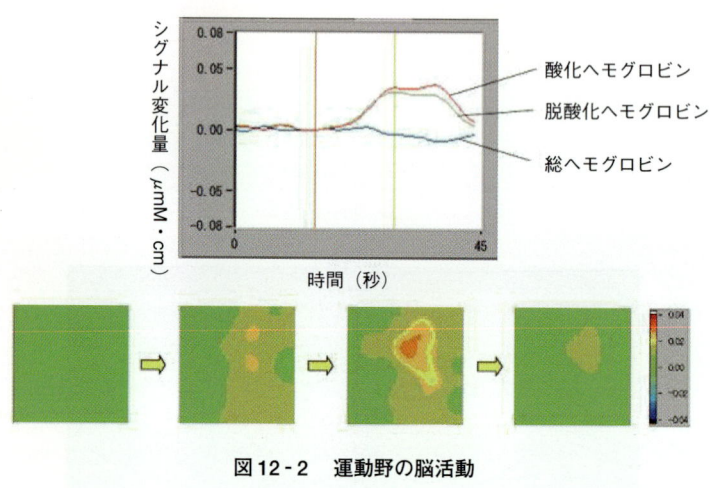

図12-2　運動野の脳活動

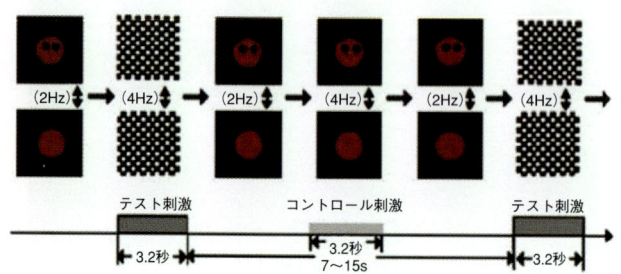

図12-4　多賀ら（上）および嶋田と開（下）における実験デザイン
（Taga et al., 2003およびShimada & Hiraki, 2006）

1章

色とその恒常性

1 色が見えるということって？

　色を感じるセンサーは，私たちの眼の網膜上に並んでいる。ただし網膜の中央部分にしか，色を感じるセンサーはない。網膜上には，錐体と桿体という2つの性質の異なる細胞が並び，このうち中央部分に密集する，錐体細胞だけが色を伝達することができる。一方で網膜の周辺は桿体細胞が並ぶ。この細胞は明るいかどうかだけを伝え，色を伝達することはできない（図1-1）。

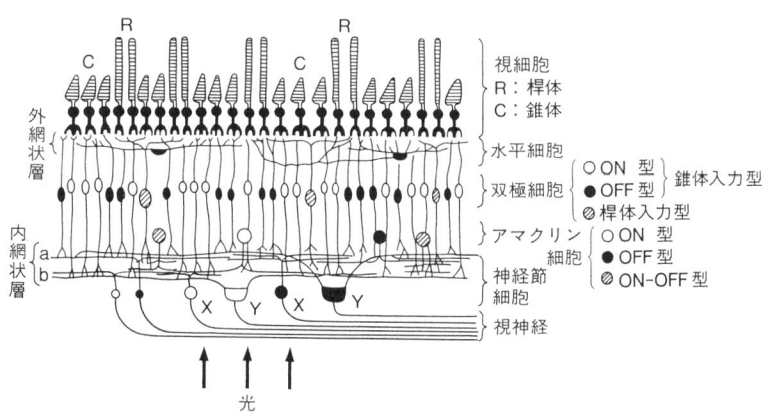

図1-1　網膜上の錐体細胞と桿体細胞（田中, 1996）

1章　色とその恒常性

　そのためほんとうなら，眼の前に映る景色の中央部分にだけ色のついた世界があって，周辺の色の見えは悪いはずである。もちろん，私たちの眼にはそんなへんてこな世界は映らない。眼の周辺では赤や緑系の色の見えが特に悪いのだが，それは顔を固定して眼を前に向け，小さな対象の色を把握させるような実験でだけわかることで，ふだんの生活では気づくこともないのである。

　色を伝達する錐体細胞はさらに三種に分かれ，それぞれ波長が異なる赤・青・緑の光を受け取る。私たちが見ている色は，私たちがたまたまもっている，この三種の錐体細胞というフィルターを通しているものだ。錐体細胞の種類や数は生物の種によって異なるため，色の見方は"絶対"とはいえない。

　たとえば「犬には色が見えないらしい」とは，よく言われることである。進化的に見ると，もともと色のある世界から始まり，哺乳類が夜行性に移行したところで色覚を失ったといわれる。その代わりといってはなんだが，暗闇でも有効な嗅覚が，哺乳類では発達している。

　哺乳類の中でも霊長類は視覚が発達している。2つの眼が接近し，視野が重なることによって，立体視が可能になったことと，色の情報が増えたことが，高度な視覚の特徴である。立体を見る能力は，樹上での生活に役立つ。そして樹上生活で欠かせない食料である，木の実が熟していることを知るために，色は大切な情報となる。

　色を見る錐体細胞の数は種によって異なり，新世界サルの中には，オスとメスで錐体細胞の数が異なるものがある。南米のマーモセットでは，オスでは常に二色の色覚なのに対し，メスの中には三色の色覚をもつ個体がいるというのである（宮田，1996）。

　ヒトでも錐体細胞の数は不安定だ。よく知られる色弱や色盲は，錐体細胞の1つだけ欠損したり，働きが弱かったりすることによって生じる。色弱や色盲の出現頻度は高く，いちばん多い赤と緑の区別ができにくいタイプの色弱や色盲は，男性の5％の出現頻度である。40人ほどのクラスならば，1人はいる計算になる。

　そして最近，同じ赤を担当する錐体細胞に二種類あり，それぞれ異なる波長の赤を受け取ることが発見されている。しかもこの二種の赤の錐体細胞を同時にもつ女性がいるとも考えられている。つまり，四種の錐体細胞をもつ者が，

女性の中にいるという。

　この四種の錐体細胞をもつ人は，赤をより詳細に見分けている可能性があるし，異なる赤の錐体細胞をもつことにより，人によって赤を違うように見ている可能性がある。とはいえ，この四種の錐体細胞をもつ人と，三種の錐体細胞をもつ人とでは，今のところ色の見えにどんな違いがあるかははっきりしていない。

　色の見方は，思ったよりも相対的なのである。日常生活の中でも，純粋に色の違いだけを区別することは少ない。それは赤ちゃんに色が本当にわかっているかを調べるときに，痛感させられる。

　たとえば，明るさは重要な手がかりだ。カラーの風景写真を白黒でコピーしてみる。すると，色は特定できなくても，それぞれの色の違いは，その濃淡から推測できるはずだ。黄色は明るく青は暗いといったように，色によって濃淡が違うためだ。通常はこうした濃淡の違いから，色は推測可能なのだ。

　ところが赤ちゃんが色そのものの違いを識別できるかどうか調べる実験では，こうした明るさの違いを無くしたそれぞれの色を選び出し，区別している証拠をつきつけねばならない。純粋に色だけで対象を区別していることを証明しなければならないからである。しかしそうした色を作れば作るほど，日常の色からかけ離れたことになってしまう。

　純粋に色だけの違いを作るために，色の間の濃淡差をなくすとなると，明るい黄色や暗い青……といった，本来のしぜんな色合いの感覚から離れることになる。ちょうど白黒コピーして同じ色になるような色を選ぶのだが，色らしさはなくなってしまう。

　明るさと色は切り離しにくい。逆にいえば，純粋に色そのものだけを区別していることは稀ともいえる。

　翻って言えば，色弱や色盲が直面する問題は，想像するよりも小さそうである。明るさの違いを比較することによって，色の違いを推測することが可能だからだ。彼らが本当に困るのは，暗い部屋でのプレゼンテーションで色味の違いだけでグラフを区別する必要があるときや，色を比較して連想するような時間的余裕が無いときだそうだ。色以外のヒントがなにもなく突然「赤い色のものを取ってください」などと言われたときなどである。

2 青い色は，見えにくい？

　生まれたばかりの赤ちゃんの眼に，世界はどんな色に見えるのだろう。
　そもそも網膜は周辺から発達するといわれ，色にかかわる錐体細胞の成長は遅い。大人の錐体細胞は，非常に密集し細長い特徴的な形状をしているのに対し，新生児の錐体細胞の密度は荒く，形も短い。とはいえ赤ちゃんに色が見えないわけではない。
　赤ちゃんを対象とした色の実験は，アメリカのテラー（Teller, D.）のグループが中心に行なっている。色はいつからわかるようになるのだろう。黄色と緑色がいつから区別できるか，彼女たちのグループが調べている（e.g. Hamer et al., 1982；図 1 - 2：カラー口絵参照）。
　実験では，図のように黄色いスクリーンの上に同じ黄色と緑色の四角形を並べて見せる。もし赤ちゃんに黄色と緑色が区別できるとしたら，背景との色が違う緑色の四角だけが目立って浮き上がって見えるはずである。そうした場合，目立つ緑色の四角形に赤ちゃんは注目すると考えるのである。こうして，赤ちゃんが背景の黄色と四角の緑色を区別できるかを調べることができる。
　実験を行なったところ，生後 1 か月の何割かと，生後 3 か月のほとんどの赤ちゃんが，緑色に注目できることがわかった。
　一方でノヴラウチら（Knoblauch et al., 1998）は，赤ちゃんが色を見ているときの脳波を計測した。赤ちゃんの錐体細胞と桿体細胞が働いているかどうかを，脳波を使って調べたのである。その結果，生後 2 か月の赤ちゃんと比べ，生後 1 か月の赤ちゃんの脳波反応は小さいことがわかった。
　どうやら，色の区別は生後 2 か月頃にはできると考えられるようだ。
　ところがこれで赤ちゃんが，私たち大人とまったく同じように色を区別できているかというと，そうではない。区別できない色があるという。
　錐体細胞の種類によって，発達の速度が違うらしい。青を処理する錐体細胞だけ，発達が遅いというのである。ちなみに先ほどの緑色と黄色の色の区別も，青を見る錐体細胞の働きなしにできるものだ。そもそも青の錐体細胞の数は少なく，大人でも青の検出は弱いことが知られている。ある意味で，青は特別ともいえる。

テラーとパルマー（Teller & Palmer, 1996）は，ほんとうに青を見るのが遅いのかを調べる実験を行なった。青の錐体細胞がないと見えない色と，青の錐体細胞がなくても見える色，2つの色の見え方を直接比較したのである。

最初の実験では青の錐体細胞がなくても区別できる，赤と緑の実験である。赤と緑の縞模様が動くのを，赤ちゃんに見せた。

赤ちゃんは縞模様が大好きだ。縞模様が動いていたら，見逃さずに眼で追うことになる。赤と緑の縞の動きを眼で追うかどうかで，赤と緑の縞が見えているかどうかを確かめることができる。縞を眼で追っているのが観察されたならば，赤と緑の縞が見えているわけで，つまり赤ちゃんは赤と緑の色の違いを区別できていることになる。反対に縞を追う動きが観察されない場合，赤と緑の縞が見えず，つまり赤と緑を区別できていないことになる。

実験の結果，赤と緑の明るさが違う場合，生後1か月でも縞を追うことができた。ただし赤と緑の明るさを同じにした場合，生後2か月にならないと，縞を追うことはできなかった。

そもそも赤と緑ではもともと明るさが違う。赤の方が明るく，緑の方が沈んで見える。赤と緑は明るさの違いでも区別することも可能なのである。ただし赤ちゃんに本当に色の区別ができることを証明するには，明るさの違いではなくて色だけの違いで区別している証拠が必要だ。そういうことからすると，赤と緑の色の違いを区別できるのは，明るさを同じ条件にした，生後2か月ということになる。

次の実験は，青の錐体細胞がかかわる色の区別だ（Teller et al., 1997）。黄緑色と紫色の縞で同じ実験が行なわれた。先ほどと同じように，二色の明るさを同じにして縞を動かしたところ，なんと生後4か月になっても，縞を追う眼の動きは見られなかったのだ。

青錐体が活動し始めるのが遅いのは，確かなようだ。そこでサトルら（Suttle et al., 2002）は，青みの色を見るときの，赤ちゃんの脳波を調べてみた。

サトルらの実験では，青錐体で見ることのできる縞模様と，この縞と同じ明るさに塗りつぶした一色の色とを用意した。そしてまずは赤ちゃんが，縞模様を区別できるかを調べてみた。複雑なものが大好きな赤ちゃんは，縞模様が見

えれば，そちらの方を注目する。縞を見る行動をもとに，いつ頃からこの縞模様が見え，縞の間の色が区別できるかを調べたのである。実験の結果，先のテラーの実験よりも少し早く，生後4か月になれば青錐体がかかわる縞を注目できることがわかったのである。

いよいよ本番の，脳活動の計測だ。青の錐体がかかわる縞模様を見たときの脳活動も，やはり遅く現われるのだろうか。実験の結果は意外なことに，脳の方は，生後2か月から活動していることがわかった。この他の実験からも，色にかかわる脳活動は，色の区別よりも早い時期に活動し始めることがわかっている。

色を見るときの脳活動は，色を区別できるよりも早く，その兆候があらわれるようである。ある意味で，青を検出する脳活動があったとしても，この青みを使って色を区別するまでにはいたらないともいえるようだ。いずれにせよ，青みを使って色を区別できるようになるには，時間がかかるのである。あらゆる色の区別が可能になるのは，生後4か月頃のようである。

3 色と明るさ，どちらが先にわかるようになるの？

明るさを見ることと，青以外の錐体細胞を使って色を見ることには，密接な関係がある。じつはこのどちらも，青を除いた2つの錐体細胞の反応で決まる。

明るさと色の知覚はこの2つの錐体細胞からの反応をプラスにするか，マイナスにするかだけの違いなのだ。明るさは，青を除く2つの錐体の反応を合計したもの，そしてこの2つの錐体細胞反応の差から，赤や緑といった色の違いが生み出されるというのである。

同じ錐体細胞がかかわる，色の見えと明るさの見え，どちらが先に生じるのだろうか。

アレンら（Allen et al., 1993）は，生後2－8週の赤ちゃんの，明るさと赤緑色を見たときの脳波を比較した。その結果，明るさと色を見る感度は，どちらも同じように大人と比べて低いことがわかったのだ。

この色を見る能力と明るさを見る能力の発達の比較から，色を見るプロセスを知ることができると，アレンらは考えた。

そもそも赤ちゃんが色を見るようになる発達プロセスには，2つの可能性がある。色が見えるためには，錐体細胞の発達が重要か，あるいは錐体細胞より先の器官の発達が必要か，だ。

　この中で錐体細胞より先の器官は，色の見えと明るさの見え，どちらにも関与している。小さい赤ちゃんで色と明るさの見えがともに悪かった，アレンらの実験の結果は，このレベルでの未発達を示している。つまり非常に幼いとき，錐体細胞どうしの信号を比較する，錐体細胞よりも先の器官が未発達であるというのである。

　だがしかし，色と明るさを見る能力のその後の発達は，発達当初と少々ようすが異なる。ドブキンスら（Dobkins et al., 2001）によって生後2-5か月の間の発達が調べられた。

　彼らの研究から，明るさへの感度はこの時期すでに大人と同じくらいに高度なレベルであることがわかった。ところが色の感度の方は，この期間にさらに成長するというのだ。非常に幼い時は色と明るさの感度は同じとしても，明るさを見る方が先に完成するのである。

4 色は，照明の影響を受けないか？

　色を見ることは，思ったよりも複雑である。

　店の照明に騙された経験は，誰にもあるだろう。店内の照明で気に入って買った服が，外の光では微妙に違った色に見えたり，スーパーの照明では新鮮に見えた赤味の刺身が，家の蛍光灯ではなんとなく新鮮さに欠けて見えたり。

　そもそも私たちが色を見る場合，実際はモノに反射した光を見ている。照明の色が変われば，反射する色味も変わる。太陽の光と比べると，電球の光は黄みが強く，蛍光灯は青み強い。照らす光が異なれば，しぜんとそれを反射する光も異なるため，見た目の色味も異なるのである。

　そうはいっても，照明が変わると色が変わって見えるのは特別だ。どんな照明のもとでも，同じ色を見ていると感じるのが，ふつうである。たとえば極端な話，真っ赤な夕日の光の下でも，モノの色がまったく違って感じられることはほとんどない。ほんとうならば，まったく違う色に見えたとしても当然なほ

ど，大きな光の違いにもかかわらずだ。照明によって見るものの色が変わっても，頭の中で補正されて同じ色として見ている証拠である。このように補正して色を見る能力は，色を見るためには欠くことのできないものだ。これを「色の恒常性」とよぶ。

赤ちゃんにも色の恒常性はあるのだろうか。ダンナミラーとハンコ（Dannemiller & Hanko, 1987）は，照明が変わっても同じ色がわかるかどうかを調べる実験を行なった（図1-3：カラー口絵参照）。実験では，図のように5つの同じ色の正方形が並んだ色を用意する。この色は，色紙を元にPCモニタ上で再現されたものである。中の正方形は，青か紫だ。青か紫，どちらか1つの色を選んで，赤ちゃんに何度も見せて学習させる。

この画面を学習できたところで，テストに入る。照明の色を変えて，画面を見せるのだ。まったく同じ色の画面を，違う色の画面といっしょに並べて見せ，色の違いを区別できるかを調べるのである。

実験の結果，照明が変わると，生後4か月の赤ちゃんでも，色の判断が正しくできなくなることがわかった。生後4か月では，色の恒常性がうまく働かないようである。

色の恒常性は，どのように獲得されるのだろうか。最近の研究から，色恒常性の成立のメカニズムがわかってきた。色を見る経験が重要なのだ。

神経生理学者の杉田（Sugita, 2004）によって画期的な実験が行なわれた。生後間もないサルを1年間，「単一の波長成分」という特殊な照明のもとで育てた。

「単一の波長成分の光」で照らし出された世界は，単一の色相の違いだけで構成されたものとなる。そもそも私たちが感じる色の世界は，赤・青・黄色といった，さまざまな色相のバリエーションから構成される。「単一波長成分の光」とは，こうした多様な色の世界が見られないよう，単一の色相だけが限定してみられるように人工的に作られたものだ。

実験では，この「単一波長成分の光」を1分間ごとに赤・緑・青と切り替えていった。こうすることによって，3つの錐体細胞を順番に刺激できるのだ。

こうした環境では，すべての錐体細胞は刺激される。ただし実際に見るのは常に1つの色の濃淡だけだ。さまざまな色のバリエーションのある世界を見る

ことなく，3つの錐体細胞が同時に刺激されることなく育つというわけである。
　その後の検査から，この特殊な環境で育ったサルは，色の恒常性に障害があることが発見された。
　このサルで，色を感知するセンサーである錐体細胞への刺激は十分だった。ところがこの錐体細胞への刺激だけでは，色の恒常性は生じないのである。さまざまな色のバリエーションを同時に経験することが，色を見るためには重要ということなのだろう。

5 色は周りの影響を受ける

　色を見ることが複雑だという，もう1つの証拠がある。色は見たい対象の近くの色によって，影響を受ける。隣りあう色によって色の見え方が変わることは，「色の誘導」とよばれる。
　そして図1-4に示したように，囲まれた背景の明暗によって，中にある色の明るさも違って見える。隣り合う色や明るさの差から，色や明るさは判断されるのだ。

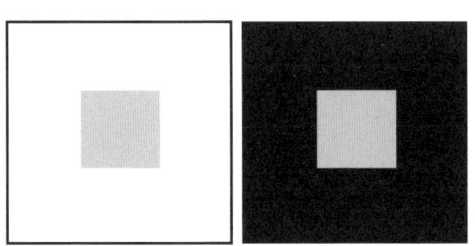

図1-4　明るさの対比
小さい正方形は同じ輝度をしているが，背景の影響によって異なる明るさに知覚される。

　赤ちゃんも大人と同じように，明るさを見るときに周りからの影響を受けるのだろうか。テラーのグループのチェンら（Chien et al., 2003）は，4か月児を対象とした実験を行なった。
　実験では，白い背景の上にやや暗い丸を置いた図を用意した。これを何度も赤ちゃんに見せて学習させる。その後のテストでは，背景をやや暗くして，先

に見たものと同じ明るさの丸と，暗い丸とを2つ並べて見せる。背景が白いときと比べ，背景が暗くなると，中にある丸は明るく見える。そのため，先ほどと同じ明るさの丸は，先ほどよりも明るく見え，逆に先ほどより暗い丸のほうが，先ほどと同じくらい明るく見えるのである（図1-5）。

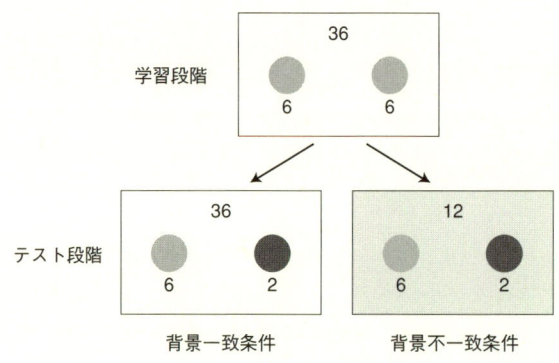

図1-5　明るさ対比の実験 （Chien et al., 2003）

　もし赤ちゃんが大人と同じように，背景との明るさの違いを比較して丸の明るさを見ることができれば，最初に見た丸と同じに見えるのは，暗い背景では暗い丸の方だ。そんな判断ができるかを調べたのである。

　実験の結果，生後4か月の赤ちゃんでも，大人と同じ判断ができた。明るさを比較して判断できるのである。

　今度は私たちのグループで，赤ちゃんが周りの色と比較して中にある色を見るかを調べる実験を行なった。実験で見せたのは次の図1-6（カラー口絵参照）である。

　図の中の縦に並んだ6つの小さな四角形は，すべて同じ灰色であるかのように見える。しかし，ほんとうは真ん中を境に2つの色に分かれている。緑の背景の上にある灰色の四角形はほんとうは緑色で，ピンクの背景の上にある灰色の四角形はほんとうはピンク色なのだ。周りの背景部分を手で覆い隠してよくよく見れば，それぞれのほんとうの色が見えるはずである。

　つまり，背景がなければ背景の境界線のところで，緑とピンクの二色に分かれるのだ。それぞれの四角形は背景の影響を受け，すべて同じ灰色に見えてし

まうのである。

　この図を使って，赤ちゃんも大人と同じように，四角形の色を見るときに背景の影響を受けるのかを調べたのである。

　実験では，この一色に見える四角形の列を何度も見せて学習させる。その後白い背景上にある，一色の四角の列と二色に分かれた四角の列とを見せるのだ。もし赤ちゃんが大人と同じように周りの色との関係で色を見ているとしたら，最初の図に一色の列を見ているはずで，二色の方を珍しげに見るはずだ。反対に大人とは違って，背景を無視して中の四角の色だけを純粋に見ることができるとしたら……最初の図は二色に見えるはずで，テストでは一色の方を珍しげに見るはずだ。

　実験の結果，大人と同じように背景からの影響で色を見るのは，生後7か月頃であることがわかった。

　色を見るということは，複雑だ。網膜の中の錐体細胞というセンサーを通して伝わる色，ところがそれがそのまま「見た色」となるわけではない。周りの色からの影響を受けたり，照明が違っても同じ色に見えたり，そんな見方をしているのだ。

2章

形態知覚の発達1：知覚的体制化

　「形態」の知覚とは，刺激を全体として知覚することであり，要素・線分の太さ・方位・輪郭密度・空間周波数・大きさなどの低次な刺激特性の変化を超えて普遍の特性を抽出することである。視覚対象の形態を知覚するためには，対象の局所的情報を全体へと統合する必要がある。

1 知覚の体制化の能力

　われわれはふだん意識せずに対象の形を知覚しているが，人間には外界に無秩序に存在する物を秩序づけて「まとまり」として知覚する傾向がある。このように視野内に意味のあるまとまりを構成することを知覚の体制化という。知覚の体制化において最も基本的な現象は「図と地の分化」である。「図」は形として浮かび上がる領域であり，「地」は背景となり注意されない領域である。たとえば図2-1のルビンの杯（Rubin, 1915）では黒と白の2つの領域が形成されている。人の顔として知覚しているとき，その領域は形をもち周囲から浮きあがって見え，この領域は「図」と呼ばれる。また，図の背後に広がる黒い領域は「地」とよばれ，図と地を分ける境界線は輪郭となり図に属する。さらに，2つの領域の見えは交互に交替し，図地反転が生じる。

　このように図として現われることが形として知覚される前提となるわけだが，環境に存在する対象には図になりやすいものとそうでないものがある。たとえば図と地に色をつけた場合，「リープマン効果」という現象が起きることが知

図 2-1　ルビンの杯（Rubin, 1915）

られている。図 2-2（カラー口絵参照）のように図と地で色が違っても，その明るさに違いがあまりないと，図と地の区別がむずかしくなるという現象である。

　図が地より分離して，視野内にいくつかの図が成立する時，それらはランダムに存在するのではなく，ある法則に従って 1 つの"まとまり"をもって現われる。たとえば対象は近くにまとまっていたり，連続していたりすると，1 つにまとまって知覚される傾向がある。このような傾向は群化とよばれている。対象がどのようにして視野内でまとまるのかについて，以下のような「群化の要因」がまとめられている。

①近接の要因—互いに接近している要素はまとまって知覚される傾向にある（図 2-3）。
②類同の要因—互いに類似している要素はまとまって知覚される傾向にある（図 2-4）。
③閉合の要因—閉じられた領域は，近接の要因に勝り 1 つのまとまりとして知覚される傾向にある（図 2-5）。
④よい形の要因—よい形，すなわち単純で規則的で対称的な形にまとまりやすい。図 2-6 の左の図は右上のようにではなく，右下のように十字と六角形に見える。
⑤よい連続の要因—滑らかな，連続を示すものは，まとまって知覚される傾向がある（図 2-7）。

⑥共通運命の要因―この要因は要素の運動にかかわるもので，同一方向に動くものは1つのまとまりとして知覚される。

われわれが環境の中で意味ある形や物をすばやく知覚できるのはこれらのゲシュタルト法則（Wertheimer, 1923）に基づく体制化の働きによるものである。では，乳児もこのような知覚の体制化の能力を備えているのであろうか。

図2-3　近接の要因（Wertheimer, 1923）

図2-4　類同の要因（Wertheimer, 1923）

＞ ＜ ＞ ＜

図2-5　閉合の要因（Wertheimer, 1923）

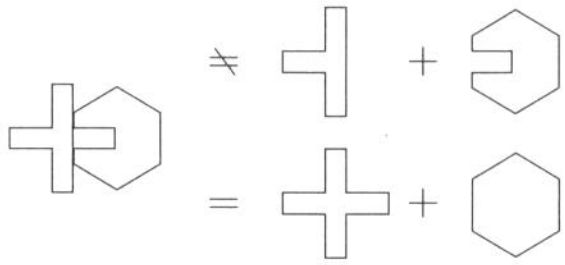

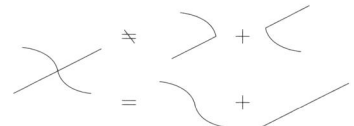

図2-6　よい形の要因（Wertheimer, 1923）

図2-7　よい連続の要因（Wertheimer, 1923）

2章 形態知覚の発達1：知覚的体制化

2 新生児期の形態知覚

　数十年前には，生まれたばかりの乳児は知覚体制化の能力をもたず，局所的な特徴を検出することしかできないと考えられていた（Salapatek, 1975）。しかしながら，近年の研究から，新生児でさえさまざまな形態処理能力を備えていることが示されている。新生児は刺激の提示方向とは無関係に2本の輪郭線がなす角度（鈍角であるか，鋭角であるか）を区別することや（図2-8），十字型と三角形をカテゴリカルに区別すること（図2-9）が報告されている。これらの知見から，新生児がある程度の形態処理能力を備えていることが示唆される。

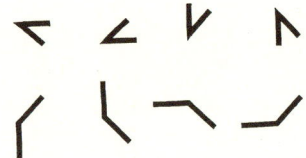

図2-8　鈍角と鋭角の識別（Slater et al., 1991）

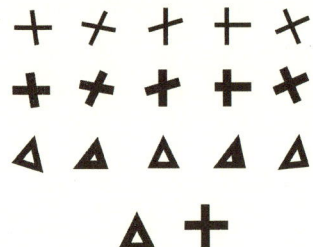

図2-9　図形のカテゴリカルな識別（Slater et al., 1983）

　さらに，ファロニーら（Farroni et al., 2000）は新生児でさえ明るさの類似性に基づいて，図2-10に示されたような明暗の要素を水平や垂直の棒へと群化して知覚することを示した。乳児はまず黒い要素と白い要素が水平または垂直に配列された図形に馴化した。馴化後★のテストでは水平縞と垂直縞が対で提示された。実験の結果，新生児は馴化図形とは異なる新奇な方向の縞を選好注視することが示された。ファロニーらの知見から，新生児でさえ局所的な要

2. 新生児期の形態知覚

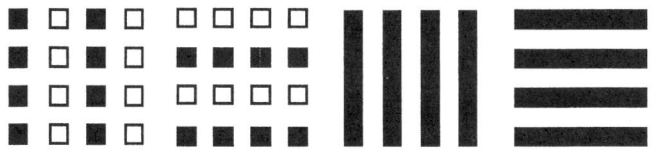

図2-10 明るさの類似性に基づく群化 (Farroni et al., 2000)

素を統合する能力を備えていると考えられる。

マッチカッシアら (Macchi Cassia et al., 2002) はさらに, 局所的な要素の情報とグローバルな形態の情報のどちらがより優先的に処理されるかという問題を検討した。成人は局所的要素についての情報よりも, 要素が構成するグローバルな形態についての情報を優先的に処理することが知られている (グローバル優位性効果：Navon, 1977, 1991)。マッチカッシアらは図2-11に示されたような階層構造をもったパターンを用いて, グローバル優位性効果が新生児にもみられるか検討した。乳児はまず, 個々の要素の局所的な変化とグローバルな形状の変化の両方を識別できることが確認された。次に, グローバル優位性効果について検討するため, 乳児を図11aに馴化させた後, 図2-11bとcを提示し, 乳児がグローバルな変化とローカルな変化のどちらに反応するかテストした。実験の結果, 新生児は局所的な要素が変化した図形 (図2-11c) よりもグローバルな形態が変化した図 (図2-11b) を選好注視し, グローバル優位性効果を示した。マッチカッシアらの知見から, 新生児も図形の局所的特徴よりも図形全体の形態に注目するというヒトの形態処理の特性を備えていると考えられる。

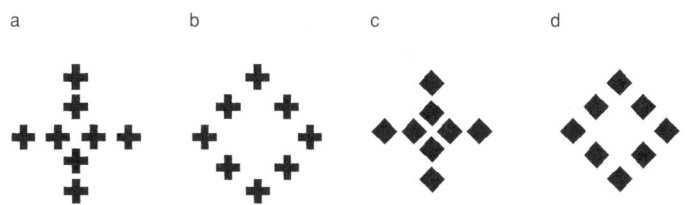

図2-11 グローバル優位性 (Macchi Cassia et al., 2002)

一方で，幼い乳児の形態知覚には成人や年長児とは異なる特性も存在する。生後2か月以下の乳児の知覚特性を示す現象として「外枠効果」が知られている。これは，枠で囲まれた図形の内部要素を区別できないという現象である。ミレウスキ（Milewski, 1976）は生後2か月児でも図2-12aとbのような要素を識別するが，これらの要素が同じ外枠で囲まれてしまうと（図12c, d），識別できなくなってしまうことを示した。一方で，ブッシュネル（Bushnell, 1979）は，内部要素が動く条件では，2か月児でも内部要素を識別することができると報告しており，内部特徴が十分目立つ条件では外枠効果は生じないと考えられる。

図2-12　外枠効果（Milewski, 1976）

また，先に述べたようにスレーター（Slater et al., 1983）は新生児でさえ十字型と三角形をカテゴリーに分けて区別することを示した。しかし，最近の研究から新生児のカテゴリー弁別は十字型のように輪郭が「閉合」していない図形と三角形のように輪郭が「閉合」した図形というおおまかなカテゴリーに限られていることが示された（図2-13）。年長児や成人と異なり，新生児は三角形・四角形・円のように輪郭が「閉合」した図形どうしを区別するためのよりこまかいカテゴリーを形成しないようである（Turati et al., 2003）。

皮質がより機能的になると考えられる生後3-4か月頃には，さらにさまざまな形態知覚の特性が発達することが示されている。新生児とは異なり，3-4か月児は閉合図形と閉合でない図形といった大雑把なカテゴリーだけでなく，さまざまな閉合図形を三角形・四角形・円といった形態に基づくカテゴリーへと分類し，区別するようになる（図2-13）。さらに，対称形と非対称形を区別すること（図2-14），明るさの類似性だけでなく形の類似性に基づいて要素を群化する（図2-15）ことが示されている。さらに，「よい連続」に対する感受

2. 新生児期の形態知覚

性もこの頃に発達することが示されている。

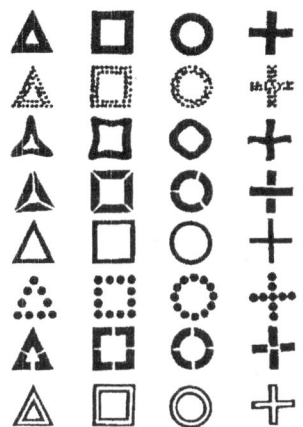

図2-13　十字型と三角形のカテゴリカルな区別（Quinn et al., 2001）

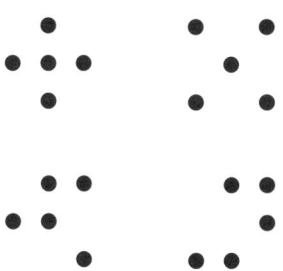

図2-14　対称なパターンと非対称なパターン（Fisher et al., 1981）

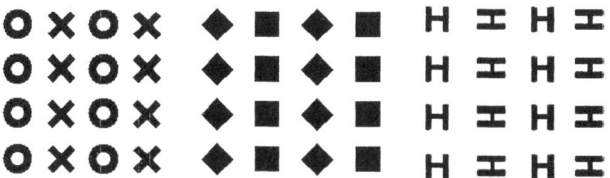

図2-15　形の類似性に基づく群化（Quinn & Bhatt, 2005）

2章 形態知覚の発達1：知覚的体制化

　クインら（Quinn et al., 1997）は，3-4か月児が図2-16aのような複雑な図形から，「よい連続」に従って円や四角形を分化して知覚するか検討した。乳児はまず輪郭線が重なり合った図形（図2-16a）に馴化した。馴化後，乳児は「よい連続」に従って円と四角形に分割された図形（図2-16b）と，「よい連続」に従わず欠けた円と四角形に分割された図形（図2-16c）を提示された。乳児が大人と同じように「よい連続」に従って円と四角形を知覚するならば，より新奇に感じられる図2-16cを選好注視すると予測された。実際，3-4か月児は図2-16cを選好注視し，「よい連続」に従って円や四角形を知覚できることが示唆された。

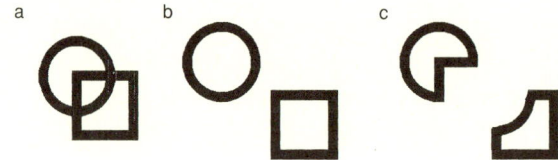

図2-16　よい連続に基づく形態の分化（Quinn et al., 1997）

　クインら（1997）と一致して，ゲルハルドステインら（Gerhardstein et al., 2004）は，3か月児が「よい連続」に感受性をもつことを示した。ゲルハルドステインらは，図2-17のようなガボールパッチ刺激を用いて，ランダムな方位のノイズの中から「よい連続」を作るように並んだパッチで構成される輪郭線ターゲットを検出する能力をテストした。さらに，ノイズパッチの密度を変化させることでターゲット検出の精度を計測した。成人と比較して乳児のパフォーマンスはノイズ密度の変化に大きく影響されたが，ノイズの密度が低い条件では，3-4か月児もターゲットを検出することができた。これらの研究から，ヒトは遅くとも生後3-4か月までに，視覚対象の全体的な形態を知覚するようになると考えられる。続く2つの章ではさらに，物理的に存在しない情報を補って対象の形を知覚する補完知覚の能力の発達について述べる。

2. 新生児期の形態知覚

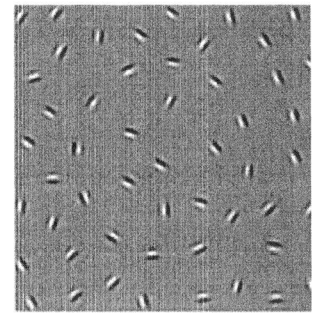

図 2-17 ゲルハルドステインらの刺激（Gerhardstein et al., 2004）

★乳児を対象とした一般的な実験方法で，一定の刺激に馴化（馴れ）させ，新奇な刺激への選好注視をもとに刺激間の区別が可能かどうかを検討する。

3章

形態知覚の発達2：主観的輪郭の知覚

　前章ではおもに2次元上に描かれた形態を知覚する能力について述べた。しかし，日常の生活空間には奥行き上にさまざまな物体が存在している。このため，物体どうしは互いに重なり合い，他の物体に隠されることによって部分的に見えない領域が生じる。しかし，私達は隠された部分を補って物体全体の形状を認識することができるのである。このように部分的に欠けた視覚情報を補って対象全体の形状を知覚する能力を視覚的補完という。本章ではこの視覚的補完の能力の発達についての知見を概説する。

1 主観的輪郭の知覚について

　われわれが環境の中である対象を見る場合，通常は明るさの違いや色の違いがある箇所に輪郭線を知覚する。しかしながら，このような物理的な刺激勾配がないにもかかわらず，輪郭線や形が知覚される現象がある。たとえば，図3-1aの図形は，黒い円の手前に白い四角形があるように知覚される。この四

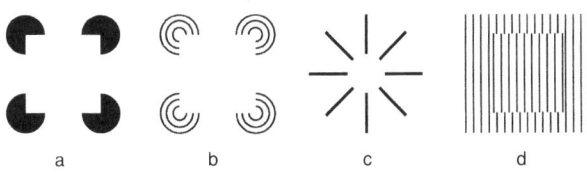

図3-1　さまざまな主観的輪郭図形（Kanizsa, 1976）

角形の輪郭は実際には4つの角の部分にしか存在していない。しかしながら，四角形は完全な輪郭をもっているかのように知覚されるのである。この現象は主観的輪郭とよばれカニッツァ（Kanizsa, 1955）により報告された。

カニッツァは主観的輪郭図形から生じる知覚的特性として以下の4つの現象を報告した。

①現象的に異なる2つの領域を生じさせる明るさの変化が生じる。
②三次元奥行き上の知覚的な変化が生じ，視野の他の領域よりも「手前」「上」にあるように知覚される。
③境界をもたらす刺激の質的または量的変化がないにもかかわらず周辺の領域と分ける境界線をもつ。
④最適条件下では，上のすべての特性が非常にはっきりと現われ，感性的特性（modal character）を獲得する。

このように主観的輪郭は，輪郭線，形，面，明るさ（brightness），明度（lightness），奥行き（depth），図地分化（figure-ground segregation），色の拡散（color diffusion）などのさまざまな知覚特性を含んでいるため，実験的・理論的に多角的なアプローチからの研究がなされている。主観的輪郭の知覚を引き起こす図形は，図3-1に示すようにカニッツァ図形の外に，誘導図形が線分で構成されている図形，線分のみで面が知覚されるエーレンシュテイン図形，線分の端点のみで面の奥行きが知覚される図形などがあげられる。

2 主観的輪郭の生起メカニズム

現在にいたっても主観的輪郭が生起するメカニズムを完全に説明しうる理論には到達してはいない。しかしながら近年の研究では，主観的輪郭が初期視覚で検出されている事を支持する結果が多数報告されている。ここで言う初期視覚とは視覚情報処理を段階的にとらえたときに，視覚系における比較的早い段階の処理を担う過程をさす。また，より高次の認知・推論過程からの独自性を有しており，思考や先行経験，知識からも独立した過程である。主観的輪郭が

初期視覚で処理されていることを示す知見としては，主観的輪郭の知覚が，背景と誘導図形の輝度差や，誘導図形間の距離などの低次な刺激要因の影響を受けることがあげられる（Brigner & Gallagher, 1974；Kennedy & Lee, 1976；Shapley & Gordon, 1985）。さらに，近年の神経生理学的研究からも，主観的輪郭の知覚に対する初期視覚の関与を示す証拠が得られている。

フォンダーハイトら（von der Heydt et al., 1984）は，神経生理学的研究手法を用いてマカクザルの初期視覚皮質（2次視覚野：V2）のニューロンが主観的輪郭線に反応することを発見した。また，グロソフら（Grosof et al., 1993）はV2だけでなく，視覚経路のより早い段階にある1次視覚野（V1）にも主観的輪郭線に反応するニューロンが存在することを発見した。主観的輪郭線に対する初期視覚皮質の反応はサル以外の動物でも発見されている。シェスら（Sheth et al., 1996）はネコを被験体とした実験を行ない，V2およびV1に主観的輪郭線に反応するニューロンが存在することを発見している。これらの神経生理学的な証拠は，主観的輪郭の検出が視覚情報処理の比較的早い段階において行なわれていることを示す強力な証拠であると考えられる。

さらに，神経生理学的研究においてサルやネコで主観的輪郭に対する脳神経細胞の反応が示されたのと一致して，ヒト以外の動物が主観的輪郭を知覚できることを示すさまざまな知見が行動指標を用いた研究からも得られている。たとえば，長田（1994）はチンパンジーが主観的輪郭を知覚している事に対して肯定的な結果を示している。長坂・長田（1996, 1997）はアカゲザルよりも系統発生的には下位にあるリスザルを被験体とした実験を行ない，アカゲザルと同様に主観的輪郭を知覚している可能性を示唆している。ヒト以外の動物においても主観的輪郭が知覚されたという報告も，主観的輪郭の処理が初期視覚で行なわれていることを示唆する重要な知見であると考えられる。

3 乳児にも主観的輪郭が見えるか？

上記に示したように，主観的輪郭の知覚はヒト以外のさまざまな動物にも共通して生じる知覚能力であり，刺激駆動的に比較的初期の視覚情報処理で知覚が生起すると考えられている。では，ヒトは生後いつ頃から主観的輪郭を知覚

3章 形態知覚の発達2：主観的輪郭の知覚

するようになるのだろうか。主観的輪郭を見るためにはまず，図形を構成する個々の要素から全体的な形を知覚する能力が必要とされる。主観的輪郭の知覚発達についての初期の研究は乳児が主観的輪郭から全体的な形状を知覚できるかどうか検討した。バーテンサールら（Bertenthal et al., 1980）は，馴化・脱馴化法（habituation-dishabituation method）を用いて7か月の乳児は四角形の主観的輪郭の見えを引き起こす図形と，要素が反転して四角形の見えない図形を区別することを発見した（図3-2aとb）。一方で，乳児は要素が四角形を作らない図形どうしを区別しなかった（図3-2cとd）。このことから，乳児は個々の要素の向きの変化に反応したのではなく，全体的な形状の変化に反応したと考えられる。バーテンサールらは生後5か月の乳児にも同様の実験を行なったが5か月児は主観的輪郭図形と要素が反転した図形を識別しなかった。バーテンサールらと同様に，トライバーとウィルコックス（Treiber & Wilcox, 1980）も生後3-4か月の乳児は三角形の主観的輪郭を引き起こす図形と要素が反転した図形を区別することができなかったと報告している。

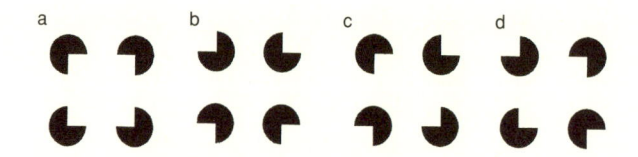

図3-2　主観的輪郭図形と要素反転図形（Bertenthal et al., 1980）

しかしより最近の研究では，生後3-4か月の乳児が主観的輪郭図形と要素が反転した図形を区別することが示されている。ギム（Ghim, 1990）は馴化・新奇化法（familiarization-novelty method）を用いて3-4か月の乳児でも主観的輪郭図形と要素が反転した図形を区別することを示した（図3-2aとb）。さらに，バーテンサールらの研究での7か月児と同じように，3-4か月の乳児は要素が反転した図形どうしを区別しなかった（図3-2cとd）。よって，乳児は個々の要素の向きに反応していたのではなく，全体的な形状に反応していたと考えられる。ギムの研究では，先行研究よりも幼い3-4か月の乳児が主観的輪郭の全体的な形状を知覚することが示された。幼い乳児の能力を引き出

せた理由についてギムは，先行研究では乳児に2つのテスト図形を1つずつ交互に提示していたのに対して，彼女の研究では2つのテスト図形を同時に対で提示していたためであると解釈している。図形を対提示すると，乳児は記憶に頼ることなく図形どうしを比較することができる。このため記憶能力が未熟な幼い乳児の能力を調べるには，図形を系列的に提示するよりも対提示する方法が有効であると考えられている。

4 主観的輪郭を検出する能力

さらに選好注視法を用いた研究からも，生後3-4か月児がカニッツァの主観的輪郭を知覚するというギムと一致する結果が報告されている。大塚ら（Otsuka et al., 2004）はカニッツァの主観的輪郭図形と要素が反転した図形を対で提示すると（図3-2aとb），乳児は主観的輪郭図形を選好注視することを発見した。これは，主観的輪郭図形で知覚される見かけ上の輪郭や明るさ，奥行き感などの特性が，乳児が選好注視を示す刺激の特性と一致するためであると考えられた。大塚らはさらに，主観的輪郭図形の形状が外枠だけで描かれた図形を用いた場合は乳児が選好を示さなくなることを発見した（図3-3）。成人を対象とした研究では，外枠だけで描かれた図形では主観的輪郭を知覚できないと報告されている。このことから，乳児の選好注視反応は図形の形状に基づく反応ではなく，主観的輪郭を知覚していたことで生じた反応であると考えられる。大塚らは生後3-4か月・5-6か月・7-8か月の3つの月齢群を対象として実験を行なったが，すべての月齢で上記のような反応が得られた。

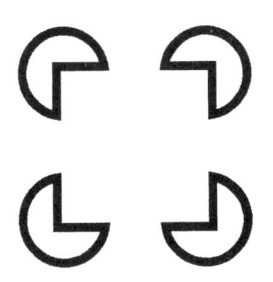

図3-3　外枠図形（Otsuka et al., 2004）

3章 形態知覚の発達2：主観的輪郭の知覚

　また，大塚らと同様にカブシェックとヨナス（Kavsek & Yonas, 2006）も，生後4か月の乳児が主観的輪郭図形を要素が反転した図形よりも選好すると報告している。カブシェックとヨナスは図3-4のように一部が欠けた円の向きがフレームごとに変化する4枚の画像から成るアニメーションを作成した。図3-4aの4枚の画像が連続的に提示されると，主観的四角形が円の上をジャンプして左右に移動するように見える。一方で，図3-4bでは図3-4aと同じ数の円の向きがフレームごとに変化しているが，文字通り個々の円の向きが変わっているようにしか見えない。これらの2種類のアニメーションを交互に提示すると，乳児は主観的輪郭を含む画像（図3-4a）を選好注視したのである。

図3-4　ジャンプするカニッツァ図形（Kavsek & Yonas, 2006）

　このように，近年の研究から生後3-4か月の乳児でも主観的輪郭を知覚することが示唆される。しかしながら，この頃の乳児が主観的輪郭を検出する能力は年長児と比較して未熟であるようだ。大塚ら（Otsuka et al., 2004）は図

4. 主観的輪郭を検出する能力

3-5aのような比較的主観的輪郭の印象の強い図形では，3-4か月児も主観的輪郭に選好注視を示すことを発見した。一方で，図3-5bのような要素のより小さい図形を用いた場合は，3-4か月児と5-6か月児は選好注視を示さず7-8か月の乳児のみが主観的輪郭図形に対する選好注視を示したのである。成人の研究から，物理的輪郭の割合に依存して主観的輪郭の見えやすさが変化することがわかっている（Shipley & Kellman, 1992）。よって図3-5bの図形は，物理的な輪郭をもった領域の割合が十分ではないため主観的輪郭がみえにくく，幼い乳児の反応を引き起こすことができなかったと考えられる。ただし，大塚と山口（Otsuka & Yamaguchi, 2003）は図3-5bと同じ要素サイズ・図形配置であっても，中央の四角形の部分が左右に運動する条件では生後3-4か月児でも選好注視反応を示すことを発見した。先行研究から，視覚対象に動きが加わることで，幼い乳児の知覚が促進されることが示されている（Kellman & Spelke, 1983他）。大塚と山口の結果はこれと同様に，図形の運動により乳児の主観的輪郭の知覚が促進されることを示す。さらに近年，ヴァレンツァとビュルフ（Valenza & Bulf, 2007）は中央の四角形が左右にズレた2枚の画像から，主観的輪郭が左右に仮現運動運動する図形を作成した。この画像を用いることで，彼らは新生児でさえ主観的輪郭を選好注視することを発見したのである。新生児は画像が動かない条件では主観的輪郭を選好しなかった。これらの結果から，画像の運動情報が新生児の選好を引き起こすために重要であると考えられる。彼らの結果は新生児の運動視機能が非常に未熟であることを考えると驚くべきものである。大塚と山口（Otsuka & Yamaguchi, 2003）の実験では，主観的四角形は左右に滑らかに移動したが，ヴァレンツァとビュルフは主観的四角形が異なる2つの位置の間を仮現運動運動する図形を用いた。彼らの実験

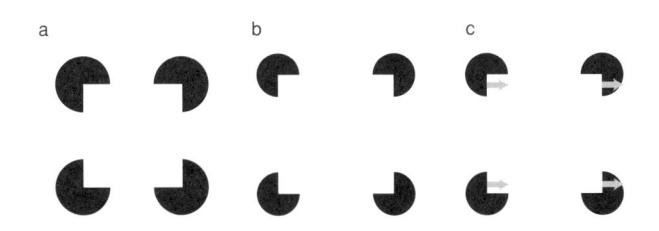

図3-5　主観的輪郭の知覚的強度（Otsuka & Yamaguchi, 2003）

3章 形態知覚の発達2：主観的輪郭の知覚

で用いられた図形の動きは新生児の時点でも有効であったようである。

5 カニッツァ図形からの奥行き知覚

　このように，近年の研究は生後3-4か月やより幼い乳児でも主観的輪郭を知覚することを示す。しかしながら，主観的輪郭を知覚する能力の発達が生後3-4か月の時点で完了しているわけではないようである。大人がカニッツァの主観的輪郭図形を見ると中央の図形が黒い円の手前にあるような奥行き感が感じられる。一方で生後6か月までの乳児はこの奥行き感を感じていないようである。シブラ（Csibra, 2001）は生後6か月と8か月の乳児が大人と同じように主観的輪郭図形の奥行き感を感じているかを調べた。シブラは鴨がカニッツァ図形の中央部を移動するアニメーションを作成した。アニメーションは2種類あり，一方のアニメーションでは主観的輪郭の奥行き感と一致して，鴨は四角形部分に差し掛かるとまるで四角形の背後を通り抜けているかのように姿を消した（図3-6a）。もう一方のアニメーションでは，鴨は四角形とは無関係の位置で先ほどのアニメーションと同じ分だけ姿を消した（図3-6b）。シブラは，生後6か月児は2つのアニメーションを等しく注視したが，8か月児は主観的輪郭から引き起こされる奥行き感と一致しない，後者のアニメーションを選好注視すると報告した。シブラの結果は，8か月児がカニッツァ図形の

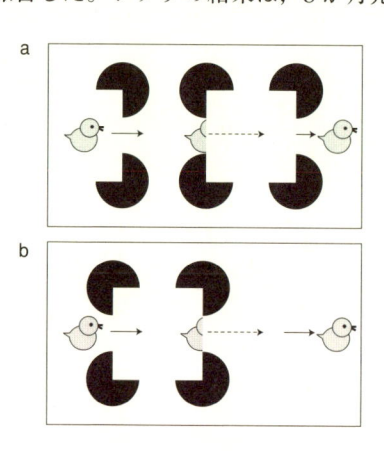

図3-6　カニッツァ図形からの奥行き知覚（Csibra, 2001）

奥行き感を知覚している可能性を示唆する。

コンドリーら（Condry et al., 2001）もシブラと一致した結果を報告している。カニッツァ図形を大人がみると，白い四角形の背後に黒い円が隠されているように見える。コンドリーらは生後4か月の乳児と8か月の乳児が大人と同じように白い四角形の背後の黒い円を知覚するかどうか検討した。乳児はまず主観的輪郭図形をくり返し提示され，図形に馴化した。その後，一部が欠けた円と完全な円が提示された（図3-7）。乳児は新奇な図形を選好注視する性質をもっている。よって，乳児が四角形の背後に完全な円を知覚していれば，完全な円よりも欠けた円を選好注視すると予測された。実験の結果，8か月児は欠けた円を選好注視したが，4か月児は選好注視反応を示さなかった。これらの結果から，生後8か月児は大人と同じように白い四角形の背後の完全な円を知覚することが示唆された。

図3-7　欠けた円と完全な円（Condry et al., 2001）

6 主観的輪郭を知覚している際の脳活動

シブラやコンドリーの結果から，生後8か月頃から乳児は大人と同じように主観的輪郭を見るようになることが示唆される。さらに，シブラら（Csibra et al., 2000）はEEGを用いて主観的輪郭を見ている間の乳児の脳活動を計測した。その結果，成人と8か月の乳児では主観的輪郭を見ている間は，要素の向きが変化して主観的輪郭を作らない図形を見ている間と比較して，ガンマ波とよばれる約40Hzの高周波が強く観察された。ガンマ波の増加はおもに左前頭部で観察された。一方で，6か月児では主観的輪郭図形と統制図形でガンマ波に変化は見られなかった。成人を対象とした先行研究でも，主観的輪郭を観察している間はガンマ波の増幅が生じることが示されており，生後8か月児の結果は成人からの知見と一致するものである。この結果は，生後8か月頃になる

と乳児も成人と同様にカニッツァの主観的輪郭図形から奥行き感や背後の円を知覚するようになることを示した注視時間を指標とした行動研究と一致するものである。主観的輪郭の知覚は生後3-4か月以下の幼い乳児でも生じるものの，乳児期を通してその後も発達を続けるようである。

　しかしながら，左前頭部で主観的輪郭に対する脳活動が示されたというシブラによる知見は，V1やV2などの初期視覚皮質で主観的輪郭に対する反応を発見した神経生理学的研究（von der Heydt & Peterhans, 1989；Grosof et al., 1993）からの知見とはやや異なるものである。

　成人を対象とした脳機能イメージングの研究では，主観的輪郭線に対する処理はV1やV2で完了するのではなく，V1から始まり，さらにそれ以降の領域へと進行していくと議論されている。メンドゥーラら（Mendola et al., 1999）はこのような可能性を検討するため，fMRIを使用して成人が主観的輪郭を知覚した際の脳活動を計測した。彼らはカニッツァタイプの主観的輪郭図形と，その誘導要素を180°回転させた図形を用いて実験を行なった。その結果，V1，V2，V3，VPのような，より低次の段階では，主観的輪郭図形と誘導要素が反転した図形に対して同様な反応が示された。しかし外側後頭領域（lateral occipital region）では主観的輪郭に対する反応が要素反転図形に対する反応よりも強いことが示された。主観的輪郭に対する反応は，外側後頭領域に集中しており，V7，V8も活動領域に含まれ，さらにはV3A，V4vにも及んでいた，V1，V2，V3，VPは比較的反応が少なかった。このように，カニッツァタイプの主観的輪郭を用いた場合には，比較的高次な領域での活性化が多く見られた。メンドゥーラらはさらにカニッツァタイプの主観的輪郭図形とは異なり面の知覚を引き起こさず，輪郭の知覚だけを引き起こすエーレンシュテインタイプの主観的輪郭図形を用いて実験を行なった。その結果，カニッツァ図形を用いた場合とは異なり外側後頭領域での活性化は示されず，比較的低次な領域での活性化が示された。これらの結果から，外側後頭領域での活動はカニッツァ図形で主観的輪郭を知覚する際に引き起こされる主観的輪郭領域の図地分離と，それに伴う面の形成や，3次元的な奥行きの再構築に関連していると考えられている。このように，主観的輪郭の処理には初期視覚皮質から，おもに外側後頭領域のような比較的高次な領域にわたるさまざまな領域が関与すると議論さ

れている。しかし，シブラが乳児で発見した前頭領域での脳活動はこれらの知見とも異なる。シブラは，脳波の計測中に乳児の注意引き付けるために主観的輪郭の提示前後にオモチャの映像を提示していた。このことから，シブラは主観的輪郭条件での前頭領域の活動は，主観的な遮蔽面の背後にオモチャが隠されているという物体の永続性の認識と関連するかもしれないと議論している。

7 さまざまな図形からの主観的輪郭の知覚

　主観的輪郭はカニッツァ図形以外でも知覚される。これまでに，乳児はカニッツァ図形以外の図形でも主観的輪郭を知覚することが示されている。シレテヌ（Sireteanu, 2000）は図3-8のような周期のズレた縞（副尺縞）の境界部分に知覚される主観的輪郭を乳児が知覚するかどうか検討した。乳児に縞の周期のズレた図形とズレのない一様な縞図形を対提示すると，乳児はズレのある図形の方を選好注視した。この発見自体は乳児の副尺視力を調べた研究でも観察されているものである。シレテヌはこの副尺縞に対する選好反応は生後2か月頃から生じると報告した。シレテヌはさらに馴化法を用いて，乳児が主観的輪郭線の角度を区別するかどうか検討した。実験で，乳児はまず垂直の主観的輪郭線の知覚を引き起こす副尺縞図形に馴化した。その後，垂直と水平の主観的輪郭を生み出す図形が対提示された。実験の結果，4－5か月児は斜めの主観的輪郭を選好注視し，主観的輪郭線の角度を区別することが示された。一方で，生後3－4か月の乳児は馴化後の選好注視反応を示さなかった。これらの結果から，縞のズレの検出は生後2か月頃までに発達するが，主観的輪郭の知覚は生後4－5か月頃に発達することが示唆される。

図3-8　副尺縞の主観的輪郭図形（Sireteanu, 2000）

3章 形態知覚の発達2：主観的輪郭の知覚

　シレテヌと同様にクーランら（Curran et al., 1999）も縞の周期のズレから生じる主観的輪郭を乳児が知覚するか検討した。クーランらは，図3-9のような図形を刺激として用いた。この図形では，画面の一方では線分の端点が一直線にそろっているため主観的輪郭が知覚される。一方で，画面の反対側にも同数の線分の端点が存在するが，位置がバラバラであるため主観的輪郭が知覚されなかった。さらに，クーランらはこの線分の端点が左右に運動するような動画像を乳児に提示したのである。すると，生後12-14週児，および20-22週児は主観的輪郭が知覚される側を選好注視した。さらに，主観的輪郭の移動速度が速い条件では生後8-10週齢の幼い乳児も主観的輪郭の側を選好注視した。これは幼い乳児はより速い速度に敏感であるという運動知覚の発達研究からの知見と一致する。さらに，線分の端点を小さな円で覆うことで主観的輪郭の知覚が生じないようにすると，乳児は選好注視を示さなくなった。このことから，乳児は単に直線状に整列した要素に対して選好注視反応を示すのではなく，主観的輪郭に選好を示すと考えられる。

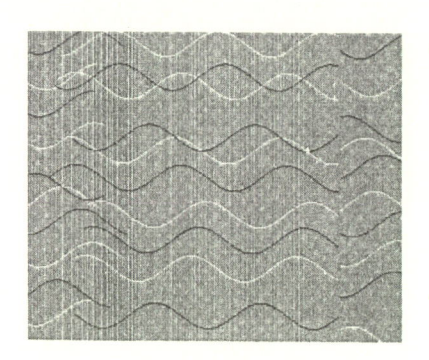

図3-9　クーランらの刺激（Curran et al., 1999）

　シレテヌとは異なり，クーランらは主観的輪郭が左右に往復運動する動画像を使用した。シレテヌの実験結果と比較して，クーランらの実験ではより幼い乳児で主観的輪郭に対する反応が示された。これらの結果の差異は，馴化法と選好注視法という方法の差異の他に，静止画と動画という刺激条件の差異が影響したと考えられる。先に述べたように，大塚ら（Otsuka & Yamaguchi, 2003）やヴァレンツァとビュルフ（Valenza & Bulf, 2007）は静止画よりも動

画を用いた条件でより幼い乳児が主観的輪郭を知覚することを示した。クーランの結果もこれらの知見と一致して，運動情報が乳児の主観的輪郭の知覚を促進することを示すものであると考えられる。

　主観的輪郭を引き起こす図形としては，カニッツァ図形と副尺縞図形の他にエーレンシュテイン図形が有名である。カブシェック（Kavsek, 2002）はエーレンシュテイン図形から乳児が主観的輪郭を知覚するかどうか検討した。カブシェックはエーレンシュテイン図形に基づいて図3-10aのような主観的輪郭図形を作成した。この図形では中央に円形の主観的輪郭が知覚される。カブシェックはバーテンサール（Bertenthal et al., 1980）やギム（Ghim, 1990）による実験と同様，馴化法を用いて乳児が主観的輪郭図形（図3-10a）と主観的輪郭を生じない図形（図3-10b）を区別するかどうか検討した。その結果，図形が大きい条件では生後8か月児でもこれらの図形を識別できないが，図形が十分小さい場合は4か月児でも識別することが示された。上記の図形ペアと同数の要素の位置が異なる図形ペア（図3-10bと図3-10c）を用いた統制実験の結果から，乳児は局所的な要素の変化に反応していたのではなく，主観的輪郭の有無に反応していたことが確認された。図形が小さくなると乳児が主観的輪郭を知覚するという知見から，視力の未熟な乳児では要素間がつながって見えたため実際の輪郭として見えていたのではないかという疑問も残るが，カブシェックは図形全体の大きさが小さいほど主観的輪郭が知覚されやすいことを示した成人を対象とした研究と一致するものであると議論した（Dumais & Bradley, 1976）。

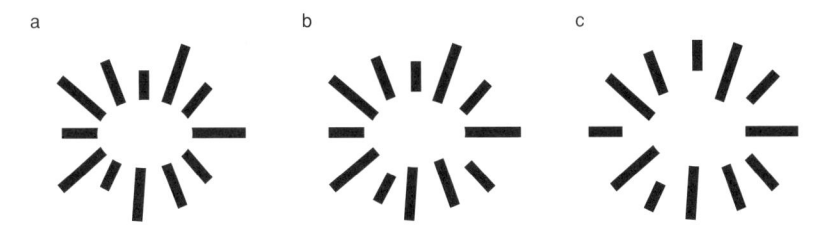

図3-10　主観的輪郭図形と主観的輪郭を生まない図形（Kavsek, 2002）

　本章で得られた知見をまとめると，幼い乳児でも物理的には存在しない情報を補って知覚する補完知覚の能力を備えており，さまざまな図形から主観的輪

3章 形態知覚の発達2：主観的輪郭の知覚

郭を知覚すると考えられる。また，この能力は誕生時から存在するものの，乳児期を通して発達を続けると考えられる。次章では，主観的輪郭の知覚と同様に，補完知覚能力の一種である遮蔽された物体の知覚の発達について述べる。

4章

形態知覚の発達3：アモーダル補完

　日常の生活空間では異なる奥行きにさまざまな物体が存在している。このため，より遠くにある物体は手前にある物体に部分的に隠されてしまい，完全な形状を見ることはできない。しかしながら，われわれは見えない部分の輪郭や面の情報を補って全体的な形状を知覚する能力を備えているため，物が部分的に隠されてしまっても認識に困難を感じることは無い。このように物体の遮蔽された部分を補って知覚する能力をアモーダル補完という。アモーダル補完の能力は，さまざまな奥行きにさまざまな物体が混在する環境の中で瞬時に対象を認識することを可能にする，適応的に重要な能力であると考えられている（Nakayama & Shimojo, 1990）。実際に，アモーダル補完の機能によって物体認識が促進されることを示す実験的な証拠が報告されている。たとえばブレグマン（Bregman, 1981）は部分的に遮蔽された文字の認知がアモーダル補完によって容易になることを示した。またナカヤマら（Nakayama et al., 1989）は顔認識課題を行なった際にも同様の効果が生じることを発見した。

1　アモーダル補完知覚のメカニズム

　アモーダル補完の知覚は，一見，隠された部分の形状を推測する，高次の認知的能力と関係しそうである。しかしながら，アモーダル補完知覚の生起には認知的推論などの高次の能力よりも，図形の形状などの低次の視覚的特性が重要であると古くから議論されている。ミショットら（Michotte et al., 1964）は

4章 形態知覚の発達3：アモーダル補完

アモーダル補完と先行経験との関係について検討した。その結果，先行経験がアモーダル補完に影響を及ぼさないことを発見し，アモーダル補完の生起には，先行経験などの認知的要因よりもゲシュタルトの完結性の法則などの図形要因に依存して生じると議論した。さらにカニッツァ（Kanizsa, 1979）はアモーダル補完の要因として，遮蔽される線の交差する部分における輪郭方位の連続性をあげた。図4-1aのように遮蔽される線が閉じた領域を形成する場合はその延長線で補完される。一方で図4-1bのように連続性が閉じた図形を形成しない場合には輪郭間の最小距離が重要になることを示した。

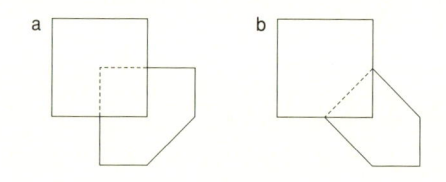

図4-1　アモーダル補完の要因（Kanizsa, 1979）

より近年，ケルマンとシフレイ（Kellman & Shipley, 1991）はアモーダル補完の生起を決定する要因を整理し，関連性理論（Relatability theory）を提唱した。この理論は可視領域の輪郭線を遮蔽領域へと延長した場合に生じる交差部分の角度から定量的に補完の強さを予測する。遮蔽された領域をはさむ輪郭線の延長線のなす角度がより滑らかに連続可能であるときにアモーダル補完の強度は高くなるというものである。

また，前章で紹介した主観的輪郭の知覚と同様に，アモーダル補完の処理もV1やV2などの視覚皮質で行なわれていることが神経生理学的研究から明らかにされている。また，行動指標を用いた比較認知の研究から，チンパンジーなどのヒト以外の動物が遮蔽された対象をアモーダル補完して知覚することも示されている。（Sato et al., 1997；Bravo et al., 1988；Grosof et al., 1993；Osada & Schiler, 1994）。

このように，主観的輪郭の知覚とアモーダル補完は，物理的に存在しない情報を補って知覚するという共通した機能をもつとともに，初期視覚皮質での反応を引き起こす点でも類似している。さらに，ケルマンら（Kellman et al.,

1998)は主観的輪郭とアモーダル補完の強度が共通の図形特性に依存して変化することを発見し，これら2つの現象に共通の視覚メカニズムが関与すると議論した（identity hypothesis）。しかしながら，このケルマンとシフレイの仮説には反対する研究者もおり，現在も議論が続いている。

2 乳児も隠された物体を認識するか？

　前章で述べたように，幼い乳児でさえ主観的輪郭を知覚することが示されているが，アモーダル補完の知覚も乳児期に発達するのであろうか。ピアジェ（Piaget, 1954）は，乳児の気を引き付けるオモチャを部分的に隠した場合，乳児が部分的に見えなくなったオモチャへの手伸ばしを行なうのは6か月以降であると観察している。ピアジェの観察から，見えない部分を補って対象を知覚するアモーダル補完の能力は生後6か月以降に発達すると考えられる。一方で，バウアー（Bower, 1967）は幼い乳児も隠された部分を補って完全な形を知覚すると報告した。バウアーは，オペラント条件付けを使った実験で，乳児が図形を見ているときのおしゃぶりの頻度を調べ，1か月児は部分的に隠された三角形を完全な三角形と同じものとして反応するが，隠されていた部分が途切れた三角形をこれらと区別することを示したのである。バウアーの結果はピアジェとは大きく異なり，生後1か月の乳児でさえアモーダル補完の能力をもつことを示唆する。しかしながら，より近年の研究はピアジェともバウアーとも異なる見解を示している。

　ケルマンとスペルキー（Kellman & Spelke, 1983）は馴化・脱馴化法を用いて，生後4か月の乳児が部分的に隠された棒のつながりを知覚するか検討した。乳児はまず手前にあるブロックで部分的に中央を隠された棒をくり返し提示された（図4-2a）。その後，隠されていた部分が欠けた棒（図4-2b）と，上下の部分がつながった棒（図4-2c）が提示された。乳児が部分的に隠された棒を完全なものとして知覚するならば，欠けた棒は新奇に感じられ，脱馴化が生じると予測された。実験の結果，棒が左右に動く条件では，乳児は欠けた棒に脱馴化を示したが，棒が止まっている条件では脱馴化を示さなかった。これらの結果から，棒が動く条件では，4か月児も部分的に隠された棒のつながり

4章　形態知覚の発達3：アモーダル補完

を知覚するが，棒が止まっているときにはつながりを知覚しないと考えられる。ケルマンとスペルキーの結果から，生後4か月児は運動する物体をアモーダル補完するが，静止した物体をアモーダル補完する能力をもたないことが示唆される。ケルマンとスペルキーの発見はピアジェによる観察とは異なり6か月以前の乳児でもいくらかの補完知覚の能力をもっていることを示す。一方で，生後1か月という幼い乳児が静止した物体をアモーダル補完することを示したバウアーの結果に疑問を投げかけるものである。ケルマンとスペルキーによって開発された「棒と箱」を用いたアモーダル補完の研究方法はその後他の多くの乳児研究者によって引き継がれ，アモーダル補完の発達についてさまざまな知見をもたらした。

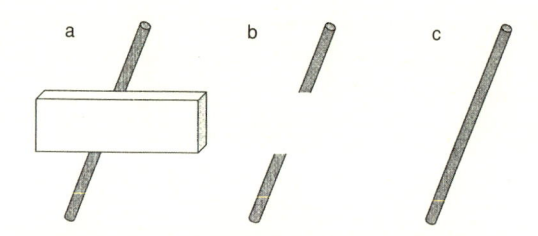

図4-2　「棒と箱」課題（Kellman & Spelke, 1983）

3　乳児のアモーダル補完に対する形状の効果

われわれ大人は，隠されていない部分の輪郭の連続性や色，形などの情報に基づいて，背後に隠された領域を補完して知覚する。しかしながら，乳児は大人とは異なり，輪郭の連続性や色，形だけの情報に基づいて隠された対象をアモーダル補完することができないようである。

ケルマンとスペルキーは棒の代わりに三角形を用いて，より形態情報を豊かにした条件であっても，4か月児はアモーダル補完の証拠を示さないと報告した。4か月頃までの乳児が静止した物体をアモーダル補完しないというケルマンとスペルキーの結果は他の複数の研究から支持されている（e.g. Otsuka et al., 2006；Termine et al 1987, their experiment 3；Jusczyk et al., 1999）。

4 幼い乳児は遮蔽された物体の形態情報を使っているか？

　ケルマンとスペルキーはさらに，図4-3のようにブロックの上下の部分がまったく異なる形状やテクスチャーでできた刺激を用いてさらに実験を行なった。もし乳児が動きの情報だけでなく，輪郭の形状やテクスチャーの手がかりをつながりの知覚のために利用しているのであれば，この条件では乳児はつながりを知覚しないと予測された。しかしながら，ブロックの上下が非常に異なる形状やテクスチャーであっても，上下の部分が同方向に動く場合，4か月の乳児はこれらが連続性のある1つの物体であると知覚することが示された。これらの結果からケルマンらは，4か月児はアモーダル補完のために運動情報だけを利用しており，形態情報に対する感受性をもたないと考えた。

図4-3　上下の部分の類似性 (Kellman & Spelke, 1983)

　しかしながら，より最近ジョンソンら（Johnson et al., 2000）は「棒と箱」課題を応用した一連の研究で4か月の乳児でもアモーダル補完の知覚に形態情報を利用していることを示した。ジョンソンらは，もし乳児が運動情報だけでなく形態情報を利用しているなら，図4-4bのように上下の棒が曲がっている場合は，棒がまっすぐな条件（図4-4a）よりもつながりを知覚しにくいだろうと考えた。実際，4か月児は図4-4aでは棒のつながりを知覚したが，図4-4bではつながりを知覚しないことが明らかにされた。さらに，ジョンソンらは，箱の上下の棒の成す角度が上記の曲がった棒と同じ条件であっても，図4-4cのように背後の棒が全体としてよい形状を作る場合には，乳児は棒のつながりを知覚することを発見した（Johnson et al., 2000）。また，いくつかの

4章 形態知覚の発達3：アモーダル補完

研究は棒の手前にある箱の高さを変化させて，棒の遮蔽の量を操作して実験を行なった。その結果，箱の高さが低い条件では生後1-2か月の乳児でも棒のつながりを知覚することが示された（Johnson & Aslin, 1995；Kawabata et al., 1999）。これらの結果は，生後4か月以下の幼い乳児も，運動情報だけを利用するのではなく形態情報に対するいくらかの感受性をもつことを示す。

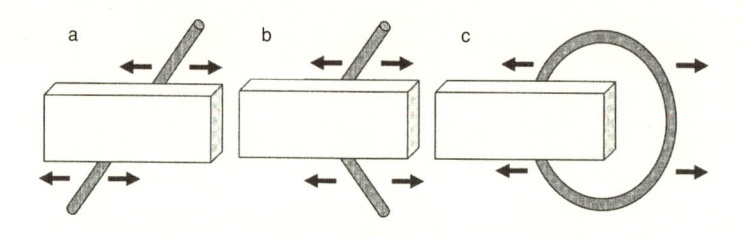

図4-4　形態情報の効果（Johnson et al., 2000）

5 静止情報からのアモーダル補完知覚

では，静止情報だけに基づくアモーダル補完の能力はいつ頃発達するのであろうか。大塚ら（Otsuka et al., 2006）は棒と箱課題を応用して図4-5のような円と四角形が部分的に重なった図形を用いて，静止画からのアモーダル補完能力をテストした。乳児は円と四角形が重なり合った図形に馴化した後，欠けた図形と完全な図形を対で提示され，注視の選好を示すかどうかテストされた。乳児が四角形の背後の円を知覚するならば，欠けた円を選好注視すると予測された。その結果，3-4か月児は選好注視を示さなかったが，5-6か月児は欠けた図形を選好注視した。これらの結果から，生後5-6か月の乳児にも静止情報に基づくアモーダル補完の能力がいくらか備わっていると考えられる。

図4-5　静止情報に基づくアモーダル補完（Otsuka et al., 2006）

クラトン（Craton, 1996）の「棒と箱」課題を用いた実験でも，大塚らと類似した結果が得られている。クラトンは，5.5か月・6.5か月・8か月児の乳児が静止した棒のつながりを知覚するかどうか検討した。実験の結果，生後6.5か月児は欠けた棒に選好注視を示したが，5.5か月児は欠けた棒と完全な棒を等しく注視した。これらの結果から，生後5-6か月頃から乳児は静止した物体をアモーダル補完するようになると考えられる。しかし，静止情報に基づくアモーダル補完の能力は生後6か月以降もさらに発達を見せるようである。クラトン（Craton, 1996）は，部分的に隠された領域の形状を乳児が正しく知覚するかどうか検討した。クラトンは，箱の背後からまっすぐな棒が出てくる条件と，箱の背後から十字型が出てくる条件を設定した（図4-6）。乳児が大人と同じように遮蔽された部分の形状を補完し，ブロックの背後にまっすぐな棒があると知覚しているならば，十字型に対して選好注視を示すという仮説が立てられた。実験の結果，8か月児は十字型に選好注視を示したが，6.5か月児は選好注視を示さなかった。これらの結果から，6.5か月でもブロックの背後で静止した棒がつながっているとは知覚しているものの，生後8か月になってようやく大人と同じように棒がまっすぐな形状であると知覚するようになると考えられる。

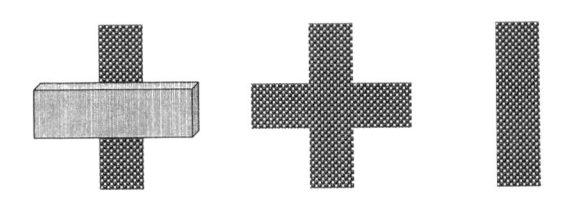

図4-6　隠された対象の形の認識（Craton, 1996）

6 棒のつながり知覚に有効な運動パターン

先に述べたように，棒が運動する条件では棒が静止した条件より幼い乳児が棒のつながりを知覚することが示されている。これらの結果は，運動情報が加わることにより，乳児のアモーダル補完の知覚が促進されることを示唆する。では，乳児のアモーダル補完を促進するにはどのような運動パターンが有効な

4章 形態知覚の発達3：アモーダル補完

のであろうか。ケルマンとスペルキーの研究（Kellman & Spelke, 1983）や他の多くの研究では，部分的に隠された棒が左右に往復運動する刺激（図4-7a）を用いて，4か月以下の幼い乳児のアモーダル補完能力を示した。さらにいくつかの研究は，上下方向の運動（図4-7b），奥行き方向の運動（図4-7c），回転（図4-7d）などの他のさまざまな棒の動き方が幼い乳児のアモーダル補完を引き起こすかどうか検討している。ケルマンら（Kellman et al., 1986）は，棒が箱の背後で前後に奥行き運動する条件や，上下に往復運動する条件でも，4か月児が棒のつながりを知覚することを発見した。一方で，エイゼンマンとバーテンサール（Eizenman & Bertenthal, 1998）は棒が手前の箱に隠された部分を中心として回転する場合（図4-7d），4か月児は棒のつながりを知覚しないと発見した。また，彼らは生後6か月になると乳児は箱の背後で回転運動する棒をつながったものとして知覚するが，棒が90度の角度で折り返して運動する場合はつながりを知覚しないと報告した。このように，すべての運動パターンが乳児のアモーダル補完に促進的な効果をもつわけではないようである。

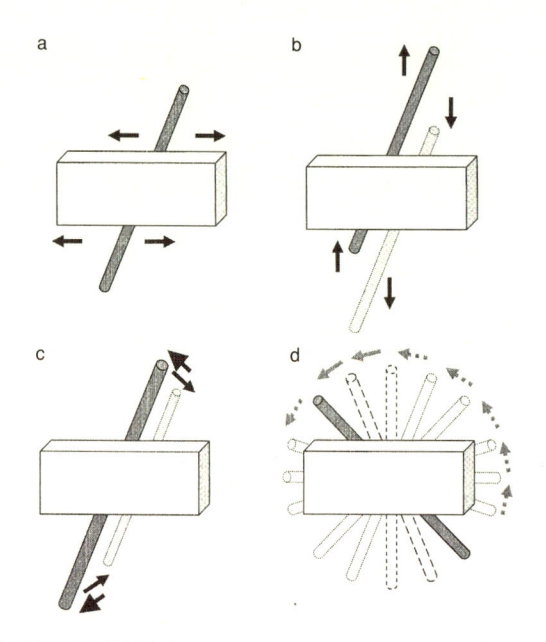

図4-7　さまざまな運動情報（Kellman et al., 1986 ; Eizenman & Bertenthal, 1998）

7 アモーダル補完の能力の発現期

　ケルマンとスペルキーの研究によって，ピアジェによる観察よりも幼い4か月の乳児がアモーダル補完の能力をもつことが明らかにされた。ではこの能力はいつ頃発現するのであろう。バウアーは1か月児が静止した三角形をアモーダル補完すると主張したが，生後4か月の乳児でさえ静止した物体を補完できないことを考えると，1か月児が静止情報からのアモーダル補完能力を示すとは考えにくい。「棒と箱」課題を用いた複数の研究から，箱の高さが低く，隠れる領域の少ない条件では生後1・2か月の乳児でも運動する棒のつながりを知覚することが示されている（Johnson & Aslin, 1995）。一方で，新生児は物理的に見える領域だけを見ており，部分的に背後に隠された棒をつながっているとは知覚しないことを示す証拠もある。スレーターら（Slater et al., 1990； 1996）は，運動する棒と箱に馴化後，新生児はつながった棒に対して新奇選好を示すと報告した。このことから，新生児は箱の背後で棒がつながっているとは知覚せず，棒がバラバラであると知覚していたと考えられる。スレータらはさらに，棒の代わりに四角形を使った条件でも同様の結果を得ている。

　しかしながら，より最近バレンツァら（Valenza et al., 2006）は新生児でさえアモーダル補完の能力をもつことを明らかにした。スレーターらの研究では棒は箱の背後で左右に滑らかに運動したが，ヴァレンツァらは棒が2箇所の異なる位置に提示され，仮現運動が知覚されるような図形を用いた。また，新生児の眼球運動が未熟であることを考慮して，棒の移動幅を少なめに設定した。バレンツァらは棒が滑らかに移動する条件とは異なり，棒が仮現運動する条件では新生児も欠けた棒に対する選好注視を示すことを発見した。バレンツァらの結果から，ヒトが誕生時からいくらかのアモーダル補完の能力を備えていることが示唆される。ただし，誕生時のアモーダル補完知覚機能は非常に未熟であり，限られた条件でしか新生児は隠された対象を知覚しないようである。アモーダル補完の能力は誕生時から存在するものの，生後の視覚経験を通して徐々に発達すると考えられる。

5章

乳児にとっての参照枠

1 参照枠の定義と種類

　人間が，空間的な知覚や運動制御を行なう際には，何らかの基準が必要である。たとえば，壁に絵を飾る場合を考えてみよう。ちゃんとまっすぐに飾りたい。そのようなとき，あなたはどうするだろうか。いくつかの方法がある。絵の上辺や左右の辺が傾いていないかをじっと見る。近くに窓があれば，窓枠と絵の端が平行になるようにしてみる。また，その時には，自分もまっすぐに立って絵を見ようとするだろう。では，いったい何と絵が揃っていれば，絵がまっすぐだといえるのだろうか。何と自分が揃っていれば，まっすぐ立っているといえるのだろうか。何か基準が必要である。このような，空間的な知覚や運動制御を行なう際に用いる基準は「参照枠」とよばれる。参照枠は，英語ではframe of referenceもしくはreference frameとよばれている。

　参照枠には，観察者の眼の網膜軸や頭部および胴体，窓枠・建物など環境内の視覚情報，そして重力軸などが用いられることが示されている（Howard, 1982）。これらの参照枠は，観察者の眼の網膜軸や頭部および胴体といった観察者の運動や姿勢によって変化するものと，窓枠・建物など環境内の視覚情報や，重力軸といった，観察者の運動や姿勢によっては変化しないものとに分けられる。たとえば，首を傾けて絵を見ると，網膜に映る絵の像は変わる。しかし，重力や窓枠に対する絵の傾きは変わらない（図5-1）。観察者の運動や姿勢によって変化する参照枠は自己中心的参照枠（egocentric frame）とよばれ，観

5章 乳児にとっての参照枠

察者の運動や姿勢によって変化しない参照枠は環境中心的参照枠（allocentric frame）とよばれる。

図 5-1　自己中心的参照枠と環境中心的参照枠
首や身体の傾きによって，網膜に映る絵の像や身体に対する絵の向きは変わる。しかし，重力や窓枠に対する絵の傾きは変わらない。

　成人は，さまざまな参照枠を組みあわせて外界を知覚したり，運動したりしていると考えられている。たとえば「rod-frame錯視」という有名な錯視がある（図5-2）。斜めの四角形の中の垂直な線分が傾いて見えるという錯視である。だが，角度差が同じ場合の，まっすぐな四角形の中の傾いた線分ほどには傾いては見えない。これは，線分の，周囲の四角形に対する角度とともに，自分の網膜軸に対する角度，自分の胴体に対する角度，（本を立てて読んでいれ

図 5-2　rod-frame 錯視
左の図の中の垂直な線分は，やや傾いて見える。しかし，右の図の中の線分ほどには傾いて見えない。周囲の四角形と線分との傾きの差は，左右の図形で等しい。

ば）重力に対する角度も，線分の角度の知覚に情報として用いているからだと考えられる。このように，成人は，周囲の四角形も，網膜軸も胴体も重力も参照枠として用いていると考えられるのである。

　それでは，乳児は，どのような参照枠を用いているのだろうか。

　従来は，生後まもなくの乳児の参照枠は網膜軸を中心とした自己中心的参照枠が支配的であり，ハイハイという能動的な移動運動を開始し，環境とのインタラクションを行なうことにより，環境中心的参照枠を用いるようになると考えられていた（Acredolo, 1978；Bremner, 1978；Bremner & Bryant, 1977；Piajet, 1954）。しかし，いくつかの研究では，ハイハイという移動運動開始前の乳児でも，環境中心的参照枠を用いていることが示されている（Bremner et al., 2006；Kaufman & Needham, 1999；Tsuruhara et al., 2007）。これらの研究は，どのような実験によって，乳児の用いている参照枠を調べたのだろうか。

2 乳児が自己中心的参照枠を用いていることを示す研究

　アクレドロ（Acredolo, 1978）は，11か月未満の乳児が，対象の位置の知覚に自己中心参照枠を用いていることを示した。実験は，左右に窓のある部屋で行なわれた（図5-3）。まず，音とともに一方の窓に実験者が姿を現わし，音が鳴ると乳児がその窓のほうを向くようになるまでくり返された。その後，乳児の向きが逆になるように実験者が乳児を移動させ，先ほど実験者が現われた窓との位置関係が逆になるようにした。

　自己中心的参照枠を用いていれば，音が鳴ると，自分にとって移動前と同じ側の窓のほう，すなわち，先ほどは実験者が現われなかった窓のほうを向くと考えられる。一方，環境中心的参照枠を用いることができれば，自分の移動にかかわらず，移動後には自分にとっては逆の側となった，以前に実験者が現われたほうの窓を見ると考えられる。

　実験の結果，新しい位置で音を聞かせると，11か月未満の乳児は，実験者が現われた窓と自分との位置関係が変化したにもかかわらず，最初の位置関係に基づいて，以前には実験者が現われなかったほうの窓に頭を向けた。最初の位置関係に基づいて頭を向ける窓が決められたことから，11か月未満の乳児が自

5章 乳児にとっての参照枠

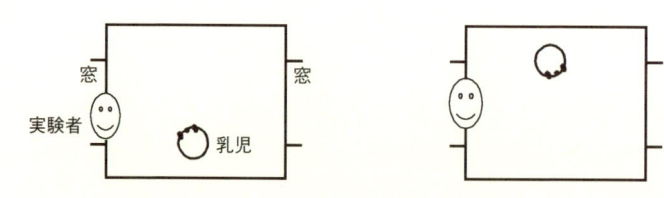

図5-3 乳児は自己中心的参照枠と環境中心的参照枠のどちらを用いているか
（Acredolo, 1978より作成）
乳児の左側の窓に音とともに実験者が何度も現われると，乳児は音が鳴ると左側の窓のほうを向くようになる。その後，向きが逆になるように乳児を移動させても，11か月未満の乳児は音が鳴ると左側を向くことが示された。

己中心的参照枠を用いていることが示されたといえる。

また，ジュエン（Jouen, 1985）は，3-7か月の乳児が，図形の傾きの知覚に自己中心参照枠を用いていることを示した。乳児は生後6週で斜めのパターンよりも垂直・水平なパターンを選好注視すること（oblique effect）が示されている（Leehey et al. 1975）。ジュエン（1985）の実験では，そのような選好注視に対する姿勢の傾きの影響が調べられた。

実験刺激には，垂直および水平な縞図形と，斜めに傾いた縞図形が用いられ（図5-4），継時呈示されたそれぞれの刺激に対する注視時間が測定された。傾けることのできる椅子に乳児を固定し，乳児の姿勢がまっすぐであった場合と，斜めの縞図形と同じ向きに傾けられた場合，斜めの縞図形と逆の向きに傾けられた場合とが比較された。

実験の結果，まっすぐな姿勢で刺激を観察した乳児は，垂直および水平な縞図形を斜めの縞図形よりも長く注視していたことが示された。一方，斜めの縞図形と同じ方向に傾けられた姿勢で刺激を観察した乳児は，垂直および水平な縞図形よりも，斜めの縞図形を長く注視していたことが示された。また，斜めの刺激と逆方向に傾けられた姿勢で刺激を観察した乳児では，垂直および水平な縞図形と斜めの縞図形で注視時間に差はなかった。

ジュエン（1985）の実験結果から，3-7か月の乳児は，身体および網膜軸に揃った縞図形に選好を示すといえる。すなわち，乳児の身体および網膜軸の傾きにより，乳児が選好を示す図形が変化するということであり，3-7か月の乳児では，縞図形の傾きの知覚において,自己中心参照枠が支配的であることが示されたといえる。

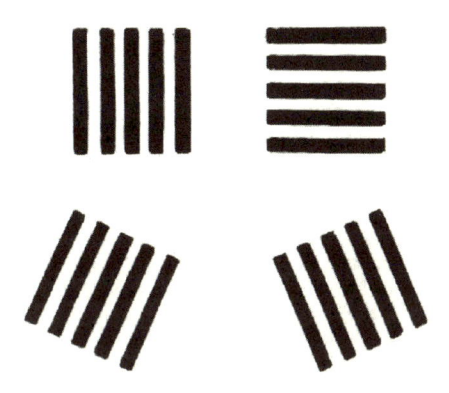

図 5-4　Jouen（1985）の実験で用いられた刺激図形（Jouen, 1985）

　上記のように，いくつかの研究では，乳児が自己中心的参照枠を用いていることが示されている。従来は，生後まもなくの乳児の参照枠は網膜軸を中心とした自己中心的参照枠が支配的であり，ハイハイという能動的な移動運動を開始し，環境とのインタラクションを行なうことにより，環境中心的参照枠を用いるようになると考えられていた（Acredolo, 1978；Bremner, 1978；Bremner & Bryant, 1977；Piajet, 1954）。しかし，次に示すように，ハイハイという移動運動開始前の乳児でも，環境中心的参照枠を用いていることを示す研究もある（Bremner et al. 2006；Kaufman & Needham, 1999；Tsuruhara et al., 2007）。

3　乳児が環境中心的参照枠を用いていることを示す研究

　カウフマンとニードハム（Kaufman & Needham, 1999）は，6.5か月の乳児は観察位置を移動してもテーブルの上の物体の配置を同定できることを，馴化－脱馴化手続きを用いて示した。実験では，まず，乳児は椅子に固定され，テーブルの上の豚のぬいぐるみを何度も観察した（馴化；図 5-5）。その後，テスト試行において，乳児の位置やテーブルの上のぬいぐるみの位置を変え，乳児の注視時間が増加する（脱馴化）かどうかを調べた（図 5-6）。

5章 乳児にとっての参照枠

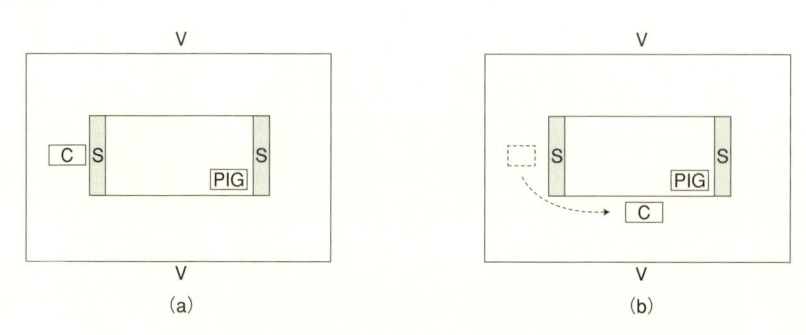

図5-5 Kaufman & Needham（1999）の実験における馴化時の手続き
（Kaufman & Needham, 1999）

乳児は椅子に固定され，テーブルの上の豚のぬいぐるみを観察した（図b）。図中の長方形がテーブルを示し，PIGはぬいぐるみ，Cは乳児が固定された椅子，Sは待機中の乳児（図a）に刺激を見せないためのスクリーン，Vはビデオカメラをそれぞれ示す。椅子の移動は保護者が行なった。

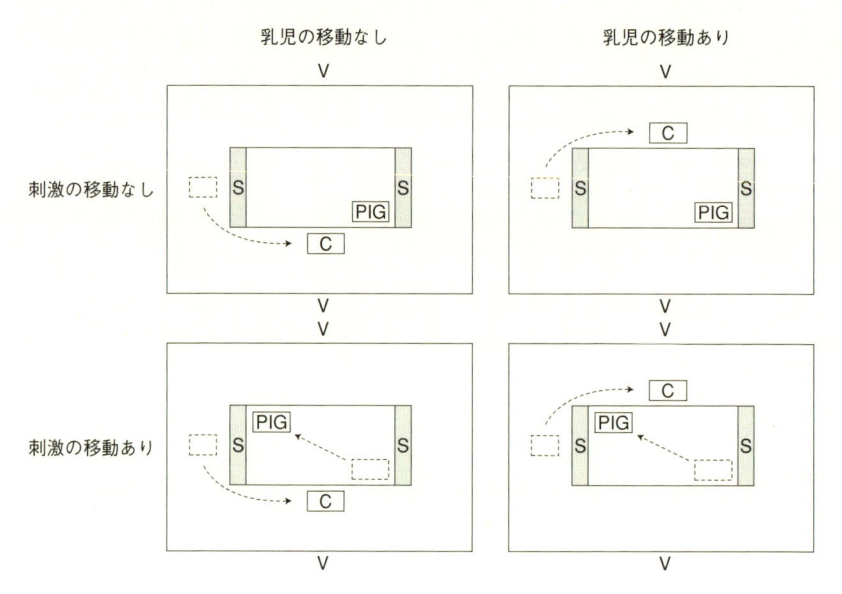

図5-6 Kaufman & Needham（1999）の実験におけるテスト試行の手続き
（Kaufman & Needham, 1999）

乳児の位置やテーブルの上のぬいぐるみの位置を馴化時と変え，乳児の注視時間が増加する（脱馴化）かどうかを調べた。図中の長方形がテーブルを示し，PIGはぬいぐるみ，Cは乳児が固定された椅子，Sは待機中の乳児に刺激を見せないためのスクリーン，Vはビデオカメラをそれぞれ示す。椅子の移動は保護者が行なった。

　乳児は，何度も同じものを見せられると注視時間が短くなっていくこと，また，何度も見たものよりも新しいものを長く見ることが知られている（Fantz,

1964)。テーブルの上のぬいぐるみの位置は変化せず，乳児の位置が変わった時に，乳児がぬいぐるみを長く見るようになったならば，乳児は自分に対するぬいぐるみの新しい位置を「新しい」と知覚したことを意味する。一方，乳児の位置は変化せず，テーブルの上のぬいぐるみの位置が変わった時に，乳児がぬいぐるみを長く見るようになったならば，乳児はテーブルや部屋全体におけるぬいぐるみの新しい位置を「新しい」と知覚したことを意味する。

　実験の結果，乳児は，テーブルの上のぬいぐるみの位置が変わった時に，ぬいぐるみを長く注視することが示された。テーブルの上のぬいぐるみの位置は変化せず，乳児の位置が変わった時には，注視時間は長くならなかった。この結果は，乳児が，自分に対する位置ではなく，テーブルや部屋全体における位置で，ぬいぐるみの以前の位置と現在の位置との弁別を行なったことを示している。すなわち，6.5か月の乳児が，自己中心的参照枠ではなく，環境中心的参照枠をぬいぐるみの位置の知覚に利用したことが示されたといえる。

　また，ブレムナーら（Bremner et al., 2006）は，4か月の乳児が物体の回転後も物体を同定できることを示した。網膜像や自分の身体に対する向きだけが基準となっている場合，物体が回転し，網膜像や自分の身体に対する物体の向きが変化すれば，その物体が同じものとはわからなくなるはずである。物体を回転させても乳児が物体を同定できたことは，乳児が網膜像や自分の身体に対する向きに依存せず対象を知覚できること，すなわち，自己中心的参照枠ではなく環境中心的参照枠によって対象を知覚できることを示している。

　また，鶴原（Tsuruhara et al., 2007）は，4-8か月の乳児は，まっすぐな縞刺激と傾いた縞刺激がまっすぐな四角形で囲まれている場合には弁別できるが，傾いた四角形で囲まれている場合には弁別できないことを示した（図5-7）。

図5-7　Tsuruhara et al.（2007）の実験で用いられた刺激図形
（Tsuruhara et al., 2007より作成）

4-8か月の乳児は，まっすぐな縞刺激と傾いた縞刺激がまっすぐな四角形で囲まれている場合(左図)には，2つの図形を弁別できたが，傾いた四角形で囲まれている場合（右図）には弁別できなかった。

この結果は，乳児が，縞の傾きの知覚において周囲の四角形の傾きの影響を受けること，すなわち，環境中心的参照枠を用いることを示唆しているといえる。

上記の研究は，ハイハイという能動的な移動運動を開始する前の乳児でも，環境中心的参照枠を用いることを示しているといえる。

4 まとめ

従来は，生後まもなくの乳児の参照枠は網膜軸を中心とした自己中心的参照枠が支配的であり，ハイハイという能動的な移動運動を開始し，環境とのインタラクションを行なうことにより，環境中心的参照枠を用いるようになると考えられていた（Acredolo, 1978；Bremner, 1978；Bremner & Bryant, 1977；Piajet, 1954）。しかし，いくつかの研究では，ハイハイという移動運動開始前の乳児でも，環境中心的参照枠を用いていることが示されている（Bremner et al., 2006；Kaufman & Needham, 1999；Tsuruhara et al., 2007）。

この問題については，乳児が用いる参照枠は，実験条件に影響を受けるという考え方がある。乳児の用いる参照枠に関係するとされる実験条件は，実験環境に乳児が慣れているかどうか，実験環境内に固定されたランドマークがあるかどうか，乳児が受動的に移動させられた時の移動の複雑さ，などである（Acredolo, 1979；Bremner, 1978；Keating et al., 1986；McKenzie, 1987；Landau & Spelke, 1988；Presson & Ihrig, 1982）。

それでは，なぜ，これらの実験条件によって乳児が用いる参照枠が異なってくるのだろうか。

1つの解釈は，発達により変化するのは，対象の知覚に用いる参照枠ではなく，自己の定位能力であるというものである（McKenzie, 1987；Kaufman & Needham, 1999）。自分が移動した後に環境内における自分の位置がわかる能力が，発達により向上していくという考え方である。その自己の定位においては，実験環境内のランドマークなどを用いる必要があり，また，移動が複雑であった場合には定位が困難になる。このために，実験条件により，乳児の用いる参照枠に関する実験結果が異なってくると考えられるのである。

カウフマンとニードハム（Kaufman & Needham, 1999）も，定位能力に着

4. まとめ

目した考察を行なっている。彼らの実験では，実験環境内のランドマークが少なく，そのような環境では環境に基準を求め難いため，乳児は自己中心的参照枠を用いると考えられる。にもかかわらず，6.5か月の乳児が環境中心的参照枠を使用していることが示された。この結果は，馴化−脱馴化手続きを用いたために乳児の負担が少なかったためではないか，という考察を行なっているのである。乳児では自己中心的参照枠が支配的であることを示した先行研究においては，乳児は，刺激があると思うほうを向くなどの運動により応答した。この，運動応答を行なわなければならないという負担があったために，受動的な移動後に乳児が自己の定位をできなかった可能性があるとしている。

　この自己の定位能力は，参照枠の統合ともいい換えられる。環境内における自分の位置をわかるためには，自己中心的参照枠と環境中心的参照枠を組み合わせる必要がある。成人は，さまざまな参照枠を組みあわせて外界を知覚したり，運動したりしていると考えられている。成人のようなさまざまな参照枠の統合は，発達過程の後期になってからみられるものかもしれない。

6章

空間視の初期発達

1 はじめに

　私たちはふだん何気なく，自分自身の周りに三次元の空間が存在しているのを視覚的に認識している。しかしながら，この何気ない感覚は非常に複雑な視覚系のしくみに依存して成立している。網膜像は二次元的な情報であるから，そこから三次元の構造を認識するにはどうしても不足した情報が生じる。したがって，視覚系はそれらを推論的に補って三次元の構造を認識する必要がある。そのため，私たちの視覚系は，さまざまな視覚情報を巧みに利用して三次元空間，すなわち奥行きのある空間の認識を成立させている。奥行きを認識する能力は，発達の比較的初期の段階でも観察されることが知られている。その最も有名な例としては，ギブソンとウォーク（Gibson & Walk, 1960）による視覚的断崖の実験があげられるだろう。彼女らの実験では，母親と断崖によって隔てられた乳児が，断崖の上に差し渡されたガラスの上を母親の方へ移動するか否かが観察された。その結果，生後6か月の乳児でも落ち込んで見える視覚的断崖の上を移動することを拒んだ。この結果は生後6か月頃にはすでに，ヒトの乳児は視覚的に奥行きを知覚していることを示すものである。しかしながら，先に述べたように，私たちは奥行きを知覚するためにさまざまな視覚情報を複合的に用いている。そうした異なった視覚情報からの奥行き知覚は，それぞれどのように発達するのだろうか。異なった視覚情報による奥行き知覚が同時進行で発達するのか，あるいはまったく異なった発達過程をもつのであろうか。

6章 空間視の初期発達

本章ではさまざまな奥行き手がかりに対する感度発達をこれまでの実験的研究の成果を追いながら順に紹介する。

2 両眼立体視の発達

　私たちが両目で外界を見るとき，左右眼それぞれの位置の差によって，左右眼の網膜像にズレ（両眼視差：binocular disparity）が生じる。これらのズレは，私たちが奥行きを知覚する際に強力な情報源となる。よく知られた例としては，ランダムドットステレオグラム（Random Dot Stereogram；RDS）があげられる。RDSは，ランダムに配置された点（ランダムドット）によって構成される画像を左右眼用にそれぞれ一枚ずつ用意し，それらのうちのどちらか一方の特定の領域を左右いずれかにずらすことによって視差を擬似的に再現したものである。こうして作成した画像は，それぞれを個別に見た場合には無数に散らばったドットが散在するだけで，そこには何の構造もないように見える。しかし，左右眼にそれぞれ対応した画像が提示され，それらが融像すると，非常に鮮明な奥行き知覚が生じる。RDSによる奥行き知覚の例は，両眼視差がそれ単体で奥行き知覚の強力な手がかりとして機能することを示すものであるが，そうした両眼視差に対する感度はいつ頃発達するのだろうか。

　これまでの先行研究から，おおよそ生後4か月までに，両眼視差に対する感度が生じ，奥行き知覚に役立てられていると考えられている。発達初期の両眼視差に対する感度は，おもに2つの実験手法によって調べられてきた。1つは選好注視法（preferential looking method）や強制選択選好注視法（forced-choice preferential looking method）などの注視行動を測定する手法で，もう1つは視覚誘発電位（Visual evoked potentials：VEPs，視覚刺激の提示によって視覚野に生じる脳波）を利用したものである。いずれの研究でも，乳児の左右眼それぞれに異なった画像を投影するために，立体映画などでよくあるような，赤と緑のフィルタや，異なった偏光フィルムを組み合わせた立体眼鏡を作成し，実験時に乳児に装着している。そして，両眼視差がある刺激と，両眼視差がない刺激を提示したときの，乳児の注視行動や視覚誘発電位にどのような違いがあるかを調べるのである。

2. 両眼立体視の発達

　注視行動を利用した研究（たとえばBirch et al., 1982）では，2つの縞模様を左右に対提示し，それらのうちどちらをより乳児が頻繁にみるかを検討した。2つの縞のうち一方には両眼視差によって奥行きが設定されており，左右眼の視差に基づいて奥行き知覚が可能な場合には縞模様が奥行き方向に波打って見える（図6-1）。もう一方の縞には両眼視差がついておらず，縞模様は平らに見える。もし乳児が両眼視差に対して敏感であるならば，視差のついた奥行き方向に波打っている方の縞をより頻繁に注視するはずである。こうした実験の結果，生後4-5か月の間で，実験に参加した半分以上の乳児が両眼視差をもつ刺激を統計的に有意に高い頻度で注視するようになることがわかっている。

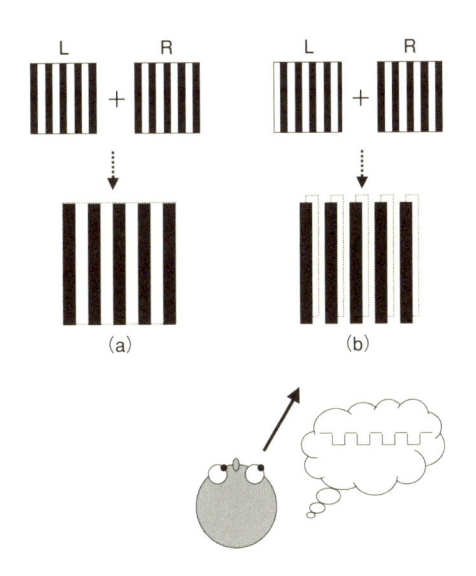

図6-1　両眼視差に対する感度を選好注視法で調べる場合の例
（Birch et al., 1982）

(a) では左右眼それぞれの網膜像にずれがないため平面的に知覚される。(b) では左右眼の網膜像に水平方向のずれが生じており，奥行が知覚される。4か月の乳児は (b) のような奥行知覚を生じる図形をより頻繁に注視する。

　一方視覚誘発電位を利用した研究（たとえばBraddick et al., 1980）では，さまざまな輝度のランダムドットによって構成されるパタンを刺激として用いた。刺激には2種類あり，①左右の目にそれぞれまったく同じドットパタンのペアを提示する場合と，②互いに明暗の関係がまったく逆転しているドットパ

タンを左右眼にそれぞれ提示する場合，があった。これら2種類の刺激が30Hzという非常に早い周期で交互に提示された。こうした刺激を単眼で観察した場合には，ドットがチラチラしているのが見えるだけである。しかしながら両眼間の情報が統合的に処理される場合には，刺激の交代周期と一致した活動成分が，視覚誘発電位の中に含まれるのである。実験の結果，生後3か月頃から，両眼間の情報を統合的に処理できるようになることが報告されている。こうした両眼間情報の統合は，必ずしも両眼視差に基づいた奥行き知覚の能力とは一致しない可能性もある。しかしながら，実際に同一の乳児を対象として，視覚誘発電位によって両眼間の情報統合の能力を，選好注視法によって両眼視差による奥行き知覚の発達をそれぞれ縦断的に調べた場合に，両者の間で発達傾向が非常によく似ていることが報告されている（Braddick, 1996）。このことから，視覚誘発電位における両眼間情報への反応の発達は，両眼立体視力の発達を反映している可能性が高いと考えられる。

3 絵画的奥行き手がかりによる奥行き知覚

　片方の目を閉じて世界を観察しても，依然として私たちが感じる世界は奥行きを保っている。このように，私たちは両眼視差だけを頼りに奥行きを知覚しているわけではない。両眼間情報に由来しない奥行き手がかりのうち，特に運動情報を伴わないものを絵画的奥行き手がかり（pictorial depth cue），または単眼性奥行き手がかり（monocular depth cue）とよぶ。絵画的奥行き手がかりと一口に言ってもその種類は多様であり，線遠近法（linear perspective），大気遠近法（aerial perspective），陰影（shading），投射影（cast shadow），きめの勾配（texture gradient），相対的大きさ（relative size），線結合（line junction）など多岐にわたる。こうした視覚手がかりの多くは15世紀のルネッサンス期に，絵画の世界において3次元空間を描写するための技法として体系化された。絵画的奥行き手がかりに対する感度の発達については，乳児の知覚発達研究においても比較的多くの知見が蓄積され，また多くの議論が存在する分野でもある。以下さまざまな実験的研究を概観し，絵画的奥行き手がかりの初期発達の概要と，それにまつわる議論について紹介する。

3. 絵画的奥行き手がかりによる奥行き知覚

　絵画的奥行き手がかりの知覚発達は，おもにヨナス（Yonas, A.）らのグループによって精力的な研究がなされてきた。彼らはおもに選好リーチング課題（preferential reaching tasks）によって乳児の奥行き知覚を研究してきた。選好リーチング課題とは，乳児がより近くにあるものに対して選好的に手を伸ばす（リーチングする）ことを利用した実験方法である。たとえば，陰影手がかりからの奥行き知覚について検討した実験（Granrud et al., 1985）では，半球状の膨らみとその膨らみと同じ大きさのへこみが同一平面上に並んだようすを写した白黒写真が刺激として提示された。この写真を両眼で観察した場合には，明らかにそれらは平面的な写真であることがわかる。しかしながら，それらの写真を単眼で観察すると，膨らみやへこみに付随する陰影のようすから，ありありと3次元的な奥行きの知覚が生じる。もし乳児が陰影の手がかりを利用して奥行きを知覚できるのであれば，単眼で写真を見たときには，背景面よりも奥にあるように見えるへこみよりも，背景面よりも手前にあるように見える膨らみの方へより高い頻度でリーチングをすると考えられる。一方両眼で写真を見たときには，膨らみとへこみに対するリーチングの生起頻度には差が生じないと考えられる。実験の結果，生後7か月の乳児は，単眼で刺激を観察したときにだけ，膨らみ側へ統計的に有意に高い頻度でリーチングを行なった。一方5か月児では，7か月児で観察されたような選好リーチングはいずれの実験条件においても生じなかった。こうした結果は，陰影手がかりに基づく奥行き知覚が生後5か月から7か月の間に発達することを示唆するものである。他にもヨナスらは同様の実験手続きを用いて，さまざまな絵画的奥行き手がかりに対する感度発達を調べている（例として，対象どうしの重なり＝Granrud & Yonas, 1984；相対的大きさ＝Yonas et al., 1985；きめの勾配＝Arterberry et al., 1989；投射影＝Yonas & Granrud, 2006　など）。また選好リーチングではなく選注視時間を指標とした手続きを用いて，絵画的奥行き手がかりの1つである影（attached shadow）による奥行き知覚の発達を検討した例でも，同じように生後7か月前後に発達の証拠が得られている（Imura et al., 2006）。こうした一連の実験結果から，絵画的奥行き手がかり一般における奥行き知覚が生後7か月までに発達すること可能性が示唆されている。

　多くの研究によって絵画的奥行き知覚が生後7か月までに発達することが報

告される一方で，それよりも早い段階で，絵画的奥行き手がかりに対する感度が発現すると報告している研究もある。バットらのグループ（Bhatt & Waters, 1998；Bertin & Bhatt, 2006）は，それぞれ絵画的奥行き手がかりの一種である陰影とY字結合（Y-junction）の両方を含む刺激図形（図6-2）を用いた実験を行ない，少なくとも生後3か月の乳児が陰影とY字結合の組み合わせの変化に敏感に反応することを示した。彼らの実験では，複数の立方体が背景面に並んでいるようすを表わした図を刺激として用いた。こうした図では，陰影とY字結合の組み合わせ方によって，それぞれの立方体の奥行き方向への傾きが変化して見える。バットらは，同じ傾きをもつ複数の立方体だけで構成された図と，同じ傾きをもつ複数の立方体の中に1つだけ異なる傾きをもった立方体が紛れ込んでいる図を対提示した。成人の場合，そうした2つの図は，異なった奥行き知覚を生じるので容易に弁別可能である。実験の結果，生後3か月の乳児でも，それら2つの図を弁別することが可能であることがわかった。この結果は，生後3か月の乳児でも，成人が奥行き手がかりとして利用している視覚情報（ここでは陰影とY字結合）の変化を，敏感に検出できることを示すものである。

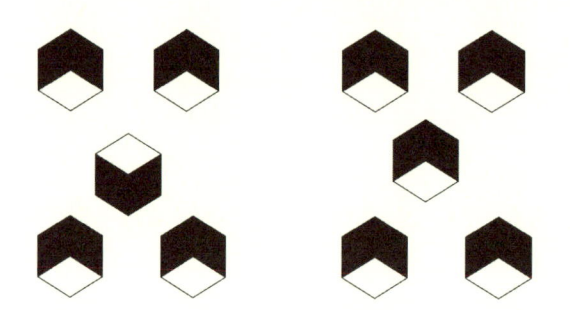

図6-2　バットらの研究で用いられた刺激の模式図（Bhatt & Waters, 1998）
奥行方向に傾いて定位されている立方体を表現したもの。右図は観察者に底面を向けるように傾いた立方体だけで構成されているが，左図では中心の立方体だけ上面を観察者の方へ向けている。3か月の乳児はこれらの図を弁別することができる。

　ここまで見てきたように，絵画的奥行き手がかりに対する感度が生じる時期については，生後3か月と5-7か月という矛盾する報告が存在する。こうした結果をどう解釈すればよいのだろうか。1つの可能性としては，それぞれの

報告が，発達初期における絵画的奥行き手がかり処理の異なった側面を反映していることが考えられる。私たちが絵画的奥行き手がかりから奥行きを知覚するためには，視覚系において，いくつかの異なった処理過程が必要になると考えられる。少なくとも，視野上の無数の情報から絵画的奥行き手がかりの特徴と一致する視覚情報を抽出し，その後，それらの奥行き手がかりから3次元の構造を推測し知覚する，という過程が必要になるだろう。バットらによって報告されたより早い段階での感度は奥行き手がかりの抽出過程の発達を反映し，一方ヨナスらの報告はよりの後の段階，すなわち抽出された奥行き手がかりからの3次元知覚の過程を反映しているのかもしれない。このような解釈は，バットらの実験では単に絵画的奥行き手がかりに相当する視覚情報間の差異を検出できるか否かを検討していたのに対して，ヨナスらの実験では，奥行き知覚に基づいた行動（リーチング）を指標としている点とも合致する。しかしながら，現段階ではこの可能性について検証した研究は存在しておらず，今後より一層の実験的検討が必要であるといえる。

4 運動性の奥行き手がかりによる奥行き知覚

　ここまでに述べたような両眼立体視や絵画的奥行き手がかりによる奥行き知覚は，いずれも運動情報を伴わない，静止した視覚情報を前提としたものであった。しかしながら，私たちは多くの場合，奥行きのある環境内を動き回って生活しており，静止した網膜像が生じる事態は非常に少ない。実際，私たちの視覚系は環境の奥行きを知覚するために，私たち自身の身体運動や，周りの物体の動きによって生じる網膜上の運動パタンを巧みに利用している。たとえば，私たちが前方に歩いているとき，目に映る景色は放射状に拡がっていくように見える。また移動中の電車の窓から景色を眺めているときよく注意してみると，遠くの景色ほどゆっくりと動き，近くの景色ほど速く動いているのがわかる。このように，私たちが動いているとき，視野上には観察者自身と周囲の環境の相対的な奥行き関係に応じて，さまざまな運動パタンが生じる。そして，そのような運動パタンは私たちが奥行きを知覚する際に重要な手がかりとして利用されているのである。ここではそうした視覚性の運動に由来する奥行き手がか

6章 空間視の初期発達

り，すなわち運動性の奥行き手がかりに対する感度発達について述べる。

発達のもっとも初期の段階で運動性の奥行き手がかりに対する反応が生じるのは生後1か月よりも前である。生後間もない乳児でも，視野上の運動情報から，自分に向かって急速に近づいてくる物体にいち早く気づき，場合によってはそれ避けようとすることが知られている（たとえばBower et al. 1970；Ball & Tronick 1971；Yonas et al. 1979；Ball et al. 1983；Nanez, 1988）。近づいてくる物体のみかけの大きさは，観察者との距離が小さくなるほど放射状に広がっていき大きくなる。乳児に大きな影が急激に放射状に拡大するような刺激を提示すると，瞬きを頻発したり，刺激から頭をそむけたりという回避的な行動が生じることが報告されている。これは刺激の急激な拡大という，物体の接近を表現するような視覚情報に基づいて，乳児が奥行き方向の運動を検出して適切な行動をとる一例だと解釈されている。後述のように，実際に生後間もない乳児が拡大運動から奥行きを知覚しているかどうかについては議論がある。しかしながら，拡大刺激に対する防御反応は，生後間もない乳児でも運動情報に基づいて対象と自身との間の距離の変化に適切に対処する能力をもつことを示唆する。このように，放射状の拡大運動による奥行き運動知覚が生後1か月までに発達することが示唆される一方で，放射運動情報そのものに対する感度の発達はそれよりも遅く生後2-5か月頃にかけて発達するという，矛盾する結果が近年報告されている。白井ら（Shirai et al., 2004a, 2004b, 2006, 印刷中）は，放射状の拡大/縮小運動に対する感度の発達を，さまざまな種類の視覚刺激を用いて検討した。その結果，放射運動に対する感度は，生後2か月ではまったく観察されないか観察されても非常に弱いのに対して，生後3か月になると急激に発達することが明らかになった。白井らの報告は，「放射状の拡大刺激に対する防御反応は生後1か月までに生じる」とする一連の研究と明らかに矛盾する。この矛盾はどうしておこるのであろうか。白井ら（Shirai et al., 2004a；2006）はこの点について，視覚系が複数の異なった放射運動処理機構をもち，それぞれが異なった発達過程をもつためではないかと推測している。私たちの脳はおおざっぱに，進化的に比較的新しい起源をもつ皮質（cortex）と，比較的古い起源をもつ皮質下（sub cortex）の部位に分けることができる。そしてそれぞれの部位において視運動情報を処理する機構が存在することが知

られている。皮質下における運動視機構は出生直後から機能しているが，その一方で皮質における運動視機構は生後2-3か月頃までは成熟しないとされている（Banton & Bertenthal, 1997；Atkinson, 2000）。白井らはこうした議論を根拠に，防御反応によって特徴付けられる拡大運動への反応は，皮質下の機構による反射的な接近対象の検出 - 回避動作（King et al., 1992）であり，その後生後3か月までにより精緻な放射運動知覚が可能になっていくのではないかとしている。彼らの主張から考えると，乳児がいつ頃から放射運動を手がかりに奥行き運動を認識することができるようになるのかについて，いまだ明確な結論は出ていないといえる。しかしながら，少なくとも生後1か月の乳児でさえ，放射運動という視覚性の運動情報に基づいて，奥行きに関連する変化に適切に対処する能力をもつということが言えるだろう。

　私たちは運動視を利用して自分自身と環境中の対象との間の距離を認識するだけでなく，対象の立体的な形をも認識することができる。こうした能力は，生後2か月頃にはじめて観察されるようになる。アーターベリーとヨナス（Arterberry & Yonas, 2000）はランダムドットを立方体表面に貼り付けたようすを再現したビデオ刺激を用いて，2か月児の運動情報からの奥行き知覚を実験的に検討した。彼らの刺激では立方体が奥行き方向に半回転するようすがくり返し映されるものであったが，この際，立方体の辺や面はまったく見えないようになっており，それらの上に存在するドットのみが見えるようになっていた。こうした刺激は，静止画で提示されると無数のドットが散らばっているようにしか見えないが，連続した動画として提示されると強力な3次元的形態の知覚が生じる。彼らは立方体と，立方体の1つの角をへこませた図形をそれぞれ再現した刺激を用意し，それらを乳児に弁別させた。もし乳児が運動情報から3次元的な形態を知覚できるのであれば，それらの刺激が動画として提示されたときだけ両者を弁別し，静止画として提示されたときには弁別ができなくなると考えられる。実験の結果，生後2か月の乳児は，動画条件でのみ2つの刺激を弁別した。この結果は，少なくとも生後2か月の段階で，運動手がかりによる3次元的な形態知覚の基礎が発現することを示すものであるといえる。

　また運動視による奥行き知覚の発達を直接的に検討したものではないが，それと関連する研究として，金沢ら（Kanazawa et al., 2006；2007）による研究

がある。彼らは運動透明視（motion transparency）とよばれる現象を引き起こしやすい運動刺激に対して，乳児がどのような反応を示すかを検討した。運動透明視とは2つ以上の異なった方向の運動が重なり合って提示された場合に，それらの運動がそれぞれ異なった奥行き面に定位されているように知覚される現象である。彼らは，生後3か月から5か月までの乳児に，運動透明視を生じる運動刺激（奥行きが知覚される）と，運動透明視を生じない運動刺激（奥行きが知覚されない）とを対提示し，どちらの刺激をより長く注視するかを検討した。その結果，生後5か月の乳児のみが統計的に優位に長く運動透明視を生じる刺激の方を注視した。これは運動透明視による奥行き面の知覚が，他の運動視による奥行き知覚よりも比較的後の段階になって発達する可能性を示唆するものであるといえる。

5 まとめ

　本章ではさまざまな視覚情報によって3次元空間を知覚する能力が，どのような発達過程を示すのかを概観した。そして，視覚手がかりの種類によってそれぞれに対する感度の初期発達過程が異なること，また同じような視覚手がかりにおいても異なった発達過程が報告される場合があることを述べた。たとえば両眼視差による奥行き知覚は生後4か月頃に発達することが示唆される一方で，絵画的奥行き手がかりや運動性の奥行き手がかりにおいては，その感度発達の時期が生後1か月から7か月頃まで広範な時期にわたることが報告されている。さまざまな視覚手がかりに対する感度の発達時期が異なることに関する1つの説明として，異なった奥行き手がかりに対する感度の発達が，視覚系における異なった奥行き知覚処理を反映している可能性があげられる。私たちの奥行き知覚はさまざま視覚手がかりを複合的に利用した複雑な過程であり，利用する視覚手がかりに応じて，その発達過程が大きく異なっていると考えられる。（たとえば，両眼視差，絵画的奥行き手がかり，そして運動性奥行き手がかりに対する感度発達の差）。また同じ視覚手がかりする感度についてさえ異なった発達傾向が報告されることがあるが（たとえば，絵画的奥行き手がかりや放射運動感度の発達時期の乖離），これはその視覚手がかりに対して，視覚

5. まとめ

系が複数の異なった処理過程をもつことを反映しているのかもしれない。奥行き知覚の初期発達の全貌を明らかにするためには，なぜ異なった奥行き手がかり間で（あるいは同じ奥行き手がかりに対しても）感度発達の傾向が異なるのかについて，研究間の方法論の違いも含め（たとえば注視行動を指標にするのか，リーチングや防御反応のような身体運動を指標にするのか，脳波などの脳活動を指標とするのか，など）更なる実験的・理論的検討が必要であると考えられる。

　また本章で紹介した研究のほとんどは，さまざまな奥行き手がかりの種類ごとに感度発達を調べた研究がほとんどであった。しかしながら，実際の生活において，私たちはさまざまな視覚手がかりを統合して世界の奥行きを知覚している。したがって，奥行き知覚の発達について今後さらに理解を深めるためには，異なった奥行き手がかり間の相互作用がどのように発達していくかを調べていくことが重要となるだろう。

7章

顔知覚の発達

1 はじめに

　私たちヒトにとって，顔は特別な視覚刺激である。なぜなら，目，鼻，口といった顔の内部の特徴や輪郭といった外部の特徴は，あらゆるヒトに共通であるにもかかわらず，私たちは個々の顔からその人の性別や表情など，さまざまな情報を得ることができるからである。したがって，顔の認識は，顔以外の物体と比べ，特殊であると考えられている。このような顔認識の特殊性を示す研究として，顔のみ認識できない相貌失認患者（Farah et al., 1995）や，顔に選択的に活性化する脳内部位の存在（Kanwisher et al., 1997；McCarthy et al., 1997），さらに，生後間もない新生児の顔パターンに対する選好注視（Fantz, 1961）があげられている。本章では，生後8か月までの乳児における顔認識の研究について述べていく。

2 乳児の顔の知覚

　乳児の顔の弁別能力は，さまざまな顔を見る経験を経て発達していくが，顔の中に含まれるどの情報に注目をして乳児は顔を弁別するのだろうか。乳児の顔に対する視覚的走査を調べてみると，生後1か月ではあごや髪の毛といった外部の特徴にとどまり，生後2か月以降になると，両目と口を結ぶ三角形の部分に集中して目を動かすことが示されている（Maurer & Salapatek, 1976）。

7章 顔知覚の発達

　このことは，発達の初期では，乳児は髪型といった顔の外部の特徴で顔を区別している可能性が高いことが示される。これは，外枠効果（externality effect）として知られており，最初にこの効果を示したブッシュネルら（Bushnell, 1982）の研究では，馴化-脱馴化法（Habituation-dishabituation）を用いて，髪型を含む顔写真と髪型を取り除いた顔写真の弁別を比較した。馴化時には，母親の顔が30秒ずつくり返し提示され，その後，テスト時に母親顔と未知顔を提示した。その結果，生後5週児と12週児は髪型の違いに基づいて脱馴化した。つまり，テスト時に髪型を含む顔写真を提示すると，母親顔と未知顔を区別し母親顔の方を長く注視したが，髪型を除いた顔写真の場合，母親顔の注視時間が短くなった。同様に，写真ではなく，実物の母親の顔と未知人物の顔を区別できる生後4日の乳児でも，スカーフで頭部を覆ったところ，顔の区別ができなかったのである（Pascalis et al., 1995）。つまり，生後1か月ほどでは頭部の輪郭といった外部の特徴を手がかりとして顔を識別しているようである。一方で，髪型が隠されても母親顔と未知顔を区別できるようになるのは生後4か月までかかることが報告されている（Bushnell, 1982）。

　発達に応じて乳児の顔認識における視覚的な情報が異なることから，年少の乳児の顔認識のメカニズムと，生後2か月以降の乳児の顔認識のメカニズムが異なることが示唆されている（Morton & Johnson, 1991）。彼らのモデルによると，発達のより初期では脳内の上丘によってコントロールされるCONSPEC，生後2か月以降では皮質によってコントロールされるCONLERN，という2つのメカニズムが提案されている。CONSPECは，皮質下の視覚運動メカニズムで，顔あるいは少なくとも顔のような物体に対して注意を促進し，経験とは独立の生得的な構造をもつものである。このメカニズムの影響は生後2か月経つと弱まり始め，そしてCONLERNが出現する。CONLERNは，顔を見る経験から発達する皮質システムで，個々の顔の違いを学習するメカニズムである。したがって，乳児の顔刺激に対する選好は発達とともに変化し，これらの変化は1つのメカニズムから別のメカニズムに移行する結果として考えられている。

3 顔の全体処理と部分処理

　顔の内部には，目，鼻，口といった視覚的な情報が含まれている。私たち成人が顔を見る際には，これら個々の情報を部分的に見ているのではなく，個々の情報の関係に基づく全体的な布置情報（configuration）を手がかりとしていることが示されている（Leder & Bruce, 2000）。

　乳児も生後7か月になると，顔の部分的な特徴の布置関係に基づいて顔を処理することが示されている（Cohen & Cashon, 2001）。彼らの研究では，2枚の女性の顔に馴化した後，既知顔（馴化時に提示した顔），既知顔のスイッチ顔（既知顔の布置関係が新しい顔），および新奇顔（これまでに一度も見たことのない顔）をテスト時に提示し，7か月児が顔の特徴を部分的に処理するのか，あるいは顔の配置的な関係に基づいて全体的に処理するのかについて調べた。さらにそれらの顔画像を，通常私たちが目にする方向の正立条件と，それらを180°平面上に回転させた方向の倒立条件で提示し比較した。仮に，乳児が特徴間の関係，つまり布置関係に基づいて顔を処理するなら，スイッチ顔はその布置関係が既知顔とは異なるため，見慣れない顔として知覚されるだろうと予測される。また成人では顔を倒立にすると顔の布置関係が妨害されるため，倒立顔を個々の特徴に基づいて部分的に処理すると考えられている（Yin, 1969）。したがって，もし乳児が正立顔を布置関係に基づいて処理しているなら，成人と同様に，倒立では倒立顔を部分的に処理するだろうと予測される。結果はこれらの予測どおりになった。つまり，正立条件では，乳児は既知顔よりもスイッチ顔を新しい顔としてより長く見た。一方で倒立条件では，既知顔とスイッチ顔の注視時間に差が認められなかった。すなわち，乳児は正立顔を布置関係に基づいて全体処理し，倒立顔を個々の特徴に基づいて部分処理していると考えられ，生後7か月児が顔を全体的に処理する能力をもつと示唆された。

　顔の布置情報には，一次の関係情報と二次の関係情報があることが示されている（Diamond & Carey, 1986）。一次の関係情報（first-order relational information）とは，顔パターンに含まれる基本的な全体構造で，たとえば鼻は口の上にあるといった，顔の特徴間の全体的な配置関係を指す。二次の関係

情報（second-order relational information）とは，一次の関係情報の微妙な変化のことで，たとえば，眼と眼の間の距離といった，顔の特徴間のこまかい空間的な関係を指す。一次の関係情報はすべての顔に共通であるので，二次の関係情報が個々の顔を識別する際には重要になると考えられている（Diamond & Carey, 1986）。

バーティンとバット（Bertin & Bhatt, 2004）は，乳児の顔認識における二次の関係情報の重要性について，サッチャー錯視の顔を正立と倒立のそれぞれに提示し検討した。サッチャー錯視とは，目と口を上下反転した顔で，倒立に提示すると，その配置関係が崩れても，部分的な特徴に基づいて認識するために，違和感なく顔を認識できるが，正立で見ると，グロテスクな顔として知覚されるというものである。この画像を用いた結果，正立ではオリジナルの顔とサッチャー顔の識別が可能であったが，倒立では識別できなかったことから，6か月児が二次の関係情報に基づいて顔を処理していることを示した。

4 倒立顔の認識

前節で述べたように，顔を倒立，つまり逆さまにすると，その布置関係が崩れるため，正立と比べて再認率や反応時間が低下する（Yin, 1969）。すなわち，正立の顔では，顔の内部特徴間の空間的な関係構造を把握する全体処理がなされているが，倒立の顔では，関係情報が阻害され，部分的な特徴に頼らざるを得なくなるために倒立効果が生じると示唆されている（Valentine, 1988；遠藤, 1995）。

この倒立効果について，乳児を対象に最も初期に検討したのは，フェーガン（Fagan, 1972）である。生後5-6か月児を対象にして，正立顔に1分間馴化させた後，テスト時に馴化顔と新奇顔を正立あるいは倒立で提示した。その結果，正立で馴化顔と新奇顔を提示すると新奇顔への選好が見られたが，倒立では新奇顔への選好が見られず，倒立顔では顔を弁別できなかった。

さらに，生後4か月児でも倒立効果が生じることを示した研究もある（Turati et al., 2004）。この研究では，正面顔ではなく，1枚の斜め横顔をそれぞれ正立と倒立で馴化させ，その後テストにおいて馴化させた斜め横顔と新奇

な斜め横顔を正立および倒立で提示すると，正立と倒立の認識に差が認められなかった。しかしながら，顔の向きを正面顔や横顔などさまざまに変化させ，それらの画像を正立条件と倒立条件でおのおの馴化させると，正立の場合は馴化で提示した人物と新奇な人物の斜め横顔を識別したのに対し，倒立では識別できなかった。倒立顔は正立顔に含まれる顔の特徴やコントラストなどがまったく同じであるにもかかわらず，正立と倒立での顔の弁別能力が異なったことから，彼らは4か月児でさえ，正立顔と倒立顔においてそれぞれ異なる処理を行なっていると示唆した。

5 さまざまな角度から見た顔の認識

成人では，通常正面顔だけでなく，斜め横顔や横顔など顔の向きがさまざまに変化しても，他者の顔を認識することができるが（Bruce et al., 1987），乳児もさまざまな顔の向きから人物を識別できることができるのだろうか。

フェーガン（Fagan, 1976）は，正面顔，斜め横顔および横顔に変化した場合，7か月児が顔を区別できるかどうかについて検討した。馴化-テスト課題（familiarization-test）を用い，まず学習時に1人の男性の正面顔2枚を左右に同時提示し，それらの顔を乳児に見慣れてもらい，その後テストでターゲット（例.正面顔）と新しいターゲット（例.横顔）のペアを5秒間提示した。乳児が新しいものを好んで長く見るという特性を利用して，仮に乳児が学習した顔（正面顔）を覚えていて，見慣れた顔と新しい顔と識別できるなら，テストでは新しい顔（横顔）を長く見ると予測される。結果は予測どおりに，7か月児が新しい向きの顔を長く見たことから，異なる向きからでも顔を識別できることが確認された。

また，ローズら（Rose et al., 2002）の研究においても，7か月児は，自分たちと月齢の近い乳児の正面顔に馴化すると，横顔では見慣れた顔と未知の顔の区別がやや困難であったが，斜め横顔では12か月児と同じ成績で区別できたのである。すなわち，7か月児は以前に見た顔の向きがどの向きであったかを弁別可能で，それぞれの向きに含まれる顔の特徴が異なっても，顔を区別できることが示された。さらに，6か月児においては，正面顔，左右斜め横顔および

横顔に馴化し，その後24時間経過しても，馴化時に提示されていない新奇な表情をもつ正面顔での人物の識別が可能であった（Pascalis et al., 1998）。したがって，生後6-7か月の時期に，異なる方向から人物を見ても，同じ人物の顔であると認識する能力や，さまざまな向きに含まれる不変的な情報を抽出する能力が発達していくと考えられる。

6 運動情報による顔認識の促進効果

　顔認識の研究では，これまで静止した顔刺激を用いたものが多かったが，動きの情報が顔の学習を促進する研究も行なわれている。顔の動きには2種類あり，1つはnon-rigid motionで話しかける際にみられる顔の内部の特徴の動き，もう1つはrigid motionで斜め横顔や横顔といった顔の向きの奥行き方向への動きである（O'Toole et al., 2002）。

　乳児も，静止の顔画像よりも，動画の顔画像を好むと示されている。3か月児が，頭部を上下左右に動かす動きよりも，顔の内部特徴の動きによって，幸福顔をより多く注視すること（Biringen, 1987）や，また4か月児では静止画よりも動画に対して微笑む回数が多くなること（Kaufmann & Kaufmann, 1980）が示されている。さらに，顔によく似たパターンをもつ線画を，顔の内部特徴の動画と静止画で提示した場合，5か月児が動画の方を長く注視した。このことから，生後5か月で静止画よりも動画に魅了を感じること，さらにこの月齢では，顔の動きを含む日常的な顔の認識を行なっていることが示唆される（Johnson et al., 1992）。

　顔写真を用いた場合でも，顔の内部の特徴の動きであるnon-rigid motionによって顔認識能力が促進されることが報告されている（Otsuka et al., 2005）。実験では，乳児に語りかけるような顔の動きをもつ女性と，まったく動きのない静止した状態の女性の画像を，それぞれ学習させた時の成績を比較した。その結果，生後3-5か月の乳児でも，動いている顔での学習のみが成立し，動きの情報が顔の学習を促進する効果を示した。ジョンソンら（Johnson et al., 1992）の線画を用いた研究では，3か月児が動画よりも静止画を長く注視していたが，より鮮明な顔写真の場合にも3か月児でも運動情報から顔を学習する

ことが可能であった。乳児の顔知覚は成長するにつれ，顔の輪郭から内側へと注意が移動して発達していくことから（Bushnell, 1982），動いている状態の方が内部特徴の属性をとらえやすかったと考えられる。また，私たちが乳児と接する際には，じっとしたままではなく,笑いかけたり，話しかけることが多い。したがって，運動情報が3-5か月児の顔の学習を促進する役割をはたすと示唆される。

さらに，rigid motionである顔の向きの運動による効果について調べた研究もある（Nakato et al., 2005）。この実験では，乳児に回転運動を伴った数枚の異なる角度の顔を学習させ，その後見たことのない角度で顔を区別できるかについて調べた（図7-1，デモhttp://c-faculty.chuo-u.ac.jp/~ymasa/babytheater/index.html）。乳児に見せた顔は，1人の女性の正面顔から横顔までの数枚の異なる角度からなる顔で，正面顔から横顔へと規則正しく回転する条件と，顔の角度の順序が不規則にランダムに動く条件の2つの条件を設定した。これらいずれかの条件を，乳児にくり返し見せて学習させた後に，同じ女性と新しい女性の見たことのない角度の顔を乳児に見せ，見慣れた顔と新しい顔を識別する能力を測定した。実験の結果，生後6-8か月の乳児で，正面顔から横顔へと規則正しく連続的に回転して見せた条件にだけ学習が成立し，新しい人の顔を区別できたのである（図7-2）。成人では物体を回転させることによって，その物体の三次元構造を引き出しやすいことから（Pike et al., 1997），

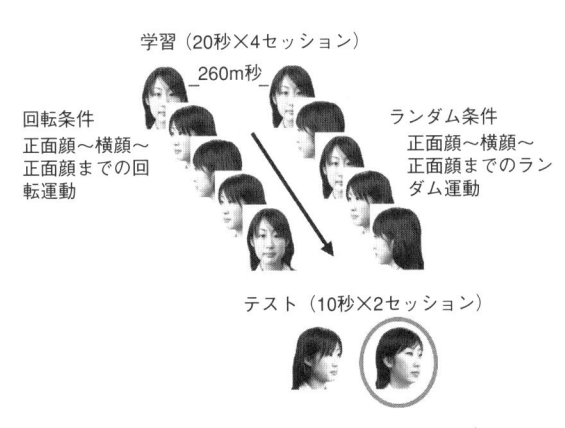

図7-1　仲渡らの実験（Nakato et al., 2005）

7章　顔知覚の発達

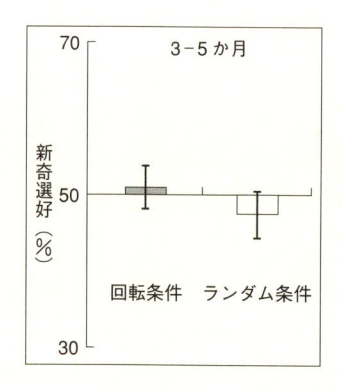

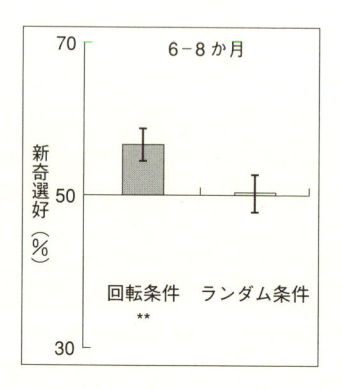

図7-2　生後3-5か月と生後6-8か月の回転条件とランダム条件における新奇選好（Nakato et al., 2005）
（** : $p<.01$）

生後6か月以降の乳児は顔を二次元のパターンではなく，三次元の物体として把握している可能性が考えられる。ふだん私たちが目にするさまざまな顔の動きを見る経験から，乳児の顔の学習能力がより促進されていくようだ。

7 発達の脳内メカニズム

　近年の脳活動のイメージング装置の発展により，私たち成人では，顔に特異的に反応する脳内部位が存在することが明らかにされている（Kanwisher et al., 1997；McCarthy et al., 1997）。では，乳児も私たち成人と同じように，顔に対する特別な処理過程があるのだろうか。
　乳児の脳活動を測定する方法としては，事象関連電位（Event-Related Potentials；ERPs）と近赤外分光法（Near-Infrared Spectroscopy；NIRS）があげられる。まず，ERPsは，刺激提示に関連して時間的に生じる脳の一過性の電位変動を測定するもので，時間的解像度が非常に高い装置である。このERPsを用いた成人の顔認識研究では，刺激提示後170msで生じる負の方向への成分（N170）が，顔に対して大きく反応することが認められている（Bentin et al., 1996）。一方で，乳児の顔に特有に反応する脳波の成分としては，N290とP400が報告されている（Nelson et al., 2006）。N290は，他の物体より

も顔を提示した際に大きな脳波の活動がみられることから，成人のN170の先駆的な成分として考えられている。たとえば，成人では，正立顔よりも倒立顔においてN170の振幅と潜時の増加が認められており，同様に乳児においても，N290の振幅が正立顔よりも倒立顔で増加することが報告されている（Halit et al., 2003）。また，P400の活動に関しては，デ・ハーンとネルソン（de Haan & Nelson, 1999）が6か月児にお母さん顔，未知の人物の顔，物体を提示し検討した。その結果，P400は物体よりも顔に対してより短い潜時で後頭部頭皮上に（occipital scalp）見られた。一方で，N290の潜時が成人と異なり正立と倒立で差が認められないことや（de Haan et al., 2002），P400がヒトの顔だけでなく，サルの顔でも反応することが示されている。したがって，乳児でのN290とP400が，顔に対する成人でのN170とまったく同じ処理を反映しているかどうかは，今後さらなる検討の余地がある。

次に，NIRSを用いた研究では，単純な視覚パターン刺激（Taga et al., 2003）や顔刺激（Csibra et al., 2004）を見せた時の乳児の脳の働きが測定されている。NIRSに関しては13章で詳細を述べるが，おもな特徴としては，非侵入性であること，fMRIなどに比べて装置は小型であり，拘束性が少ない点があげられる。fMRIやPETと比べ，検査中実験参加者を固定する必要がなく，多少動いても計測可能であるため，成人と比べ同じ姿勢を継続することの困難な乳児には適した装置である。

このNIRSを使って乳児の顔の知覚に関する実験を行なったシブラら（Csibra et al., 2004）は，成人と生後4か月児を対象に，顔刺激とその顔写真と同じ空間周波数と色分布をもつノイズ刺激を提示して，それぞれを注視している間の脳内のヘモグロビン量の変化を計測した。その結果，成人と乳児では異なる結果のパターンを示した。成人では，顔を提示した際に後頭葉で酸化ヘモグロビン（oxy-Hb）が増加したのに対し，乳児では逆にoxy-Hbの減少が見られた。すなわち，乳児でも顔に対して特殊な血流反応を示したが，成人とは逆のパターンであった。未発達の乳児の脳と成人の脳の構造が異なることから，反応傾向のパターンが異なった可能性が考えられる。

シブラらの研究では，顔提示の際に後頭葉での活動が認められたが，一方で成人の顔認識では側頭葉において大きな活動がみられる（Kanwisher et al.,

1997；McCarthy et al., 1997)。また，大脳半球の左右差が認められることが多く，特に右側の側頭部位が顔認識に重要な役割をはたしている（McCarthy et al., 1999；Rossion et al., 2000)。したがって，顔を見ている際に，乳児においても成人と同様に，右側頭の活動が生じるかについて，乳児の顔認識に関する脳活動についてさらに検討した（Otsuka et al., 2007)。

　この研究では，生後5-8か月の乳児10名を対象として，顔（正立顔と倒立顔）と顔以外の物体（野菜）をパソコンのモニター上に提示し，その時の左右側頭部の脳活動を比較した（図7-3)。野菜を提示しているベース期間（10秒以上）を基準として，テスト期間（5秒）の正立顔や倒立顔を観察したときの脳活動の変化を左右側頭部ごとに分析した。野菜を提示したときと顔を提示した時のヘモグロビンの活動に差がない場合を「0」として，「0」との活動の差をt検定によって分析した。その結果，正立顔を提示したときには，oxy-Hbと総ヘモグロビン（total-Hb）が右側頭部位で増加したが，左側頭部位ではこのような活動の増加は見られなかった（図7-4)。また，倒立顔を提示したときには，左右側頭のどちらの部位でも活動の増加が示されなかった。さらに，正立顔と倒立顔の活動を比較したところ，右側頭部位では，倒立顔よりも正立顔でtotal-Hbの増加が大きいことが示された。一方で，このような正立顔と倒立顔に対する反応の差異は左側頭部位では示されなかった。

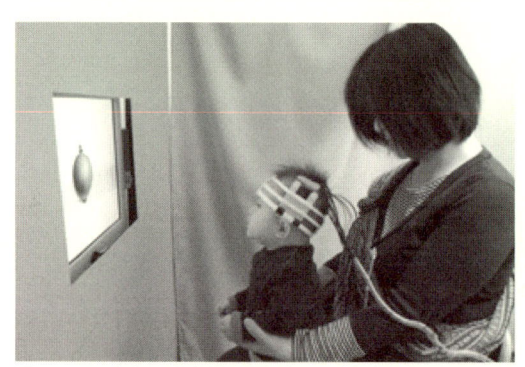

図7-3　近赤外分光法装置（NIRS）を用いた脳活動計測中の乳児（Otsuka et al., 2007)

7. 発達の脳内メカニズム

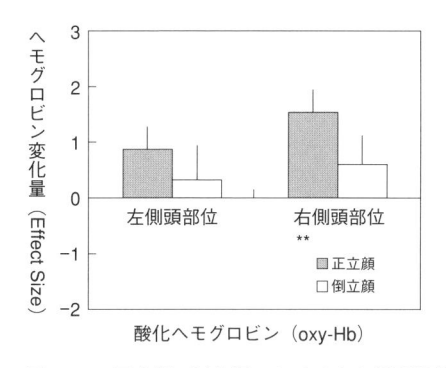

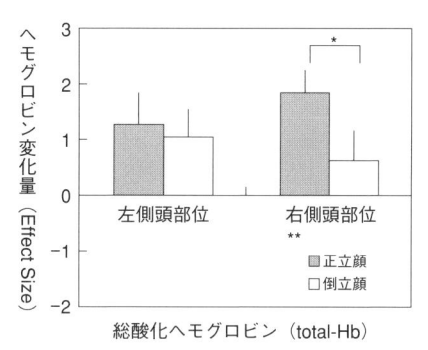

図7-4　正立顔・倒立顔における左右側頭部位でのヘモグロビン変化量 (Otsuka et al., 2007)
(** : $p<.01$; * : $p<.05$)

　これらの結果から，生後5-8か月の乳児にも成人と同じように，脳の右側頭部位で顔と野菜に対する異なる反応がみられること，さらに，正立顔と倒立顔に対する異なる反応がみられることが明らかにされた。これは，生後4か月児で倒立効果が生じた行動実験（Turati et al., 2004）や，生後6か月児の顔認知に右半球優位性を発見したERPsの研究（de Haan & Nelson., 1999）と一致するものである。さらに，行動実験において，4-9か月までの乳児が，右視野よりも左視野に顔を最初に提示するとより早く顔を認識したことから，顔処理における右半球優位が示めされている（de Schonen & Mathivet., 1990）。これらの知見をまとめると，生後5か月をすぎると乳児も私たち成人と同じように，顔を顔以外の物体とは異なる特殊な視覚対象として認識し始めるようだ。

　シブラら（2004）や大塚ら（2007）の研究は，正面顔を用いて，顔と顔以外の物体を比較し，乳児でもそれぞれの処理過程が異なることを示した。では，顔の向きや表情の変化など「顔」という視覚的な刺激がもつ認知的な特性においても，乳児の脳活動に変化が認められるのだろうか。4節や5節で述べた行動実験から，生後6か月以降で乳児がさまざまな顔の向きを区別することができる（Fagan, 1976；Rose et al., 2002；Nakato et al., 2005）。すなわち，さまざまな向きから顔を認識する能力は，生後6か月を境界として発達的変化が認められる可能性がある。したがって，正面顔や横顔といった向きの異なる顔を知覚する際の脳活動に発達的な変化がみられるのかについて，5か月児と8か月児を対象として測定した（Nakato et al., 2008）。

7章 顔知覚の発達

　実験では，5か月児および8か月児それぞれ10名ずつ計20名を対象とした。刺激の提示方法は，大塚ら（2007）と同じく，ベース刺激（野菜）を10秒以上提示した後，テスト刺激（正面顔か横顔）を5秒間提示し，乳児が見飽きたり泣くまで反復して行なった。乳児の頭に直接装着させる測定器具（プローブ）を左右側頭部に設置し計測を行なった。野菜を提示したときと顔を提示した時のヘモグロビンの活動の差について，大塚ら（2007）と同様の分析を行なった。その結果，正面顔を提示したときには，5か月児および8か月児ともに，oxy-Hbとtotal-Hbが右側頭部位で増加したことが示された。一方で，横顔においては，8か月児でのみ右側頭部位での活動の増加が認められた（図7-5）。

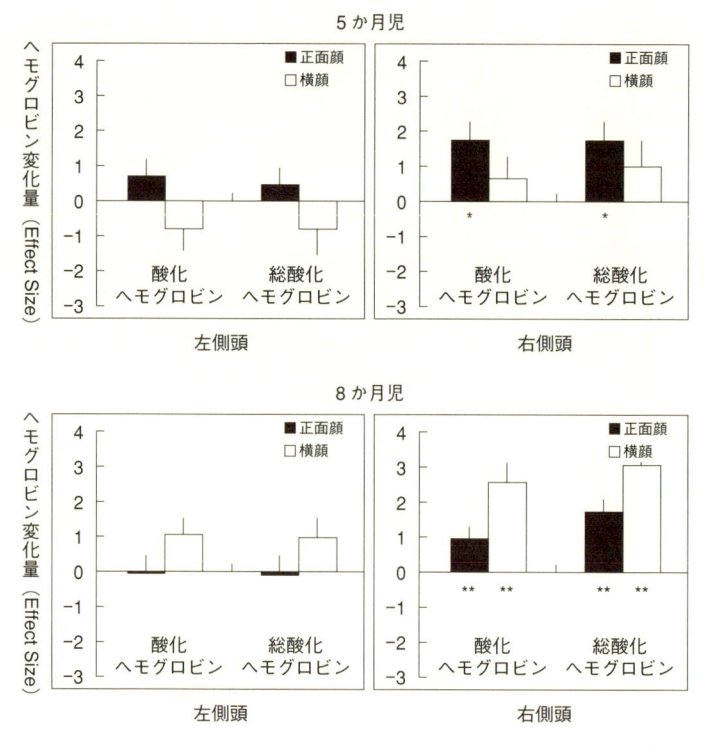

図7-5　5か月児と8か月児の正面顔・横顔における左右側頭部位でのヘモグロビン変化量（Nakato et al., in press）
（** : $p<.01$; * : $p<.05$）

これらの結果をまとめると，まず，5か月児および8か月児のいずれの月齢の乳児でも，正面顔で右側頭部位の活動が増加した。このことは，これまでの乳児を対象としたNIRS研究（Otsuka et al., 2007）やERPs研究（de Haan & Nelson, 1999）から報告されている顔処理における右半球優位性をさらに支持するものであった。次に，正面顔と横顔の処理の活動に月齢差が認められた。すなわち，5か月児では正面顔のみ，一方で8か月児は正面顔だけでなく横顔でも右側頭部位の高い活動が生じた。この結果から，異なる向きにおける乳児の顔認識能力の発達が（Fagan, 1976；Rose et al., 2002；Nakato et al., 2005），脳活動からも確認され，顔を見る角度によって同定能力が変化する顔認識の視点依存性の発達的な過程が明らかにされた。

　このようにNIRSを用いることで，乳児の顔認識における脳活動をとらえることが可能である。また，顔といった特殊な視覚刺激に対する情報処理の神経基盤やその発達過程，さらに乳児の顔認識能力を促進する要因について追及していくことができると考えられる。今後，行動実験やNIRS実験を重ねていくことで，顔の処理過程について，その生得的な側面と経験による学習的な側面の機能的な相互性が明らかになっていくと期待している。

8章

視聴覚統合の発達

1 はじめに

　世界は感覚刺激に満ちている。あまりにもあたり前のことでかえって見落としかねないが，たとえば視覚だけ，聴覚だけといったような単一の感覚入力として外的な事象が知覚されることはむしろ少なく，多くの事象は，異なる感覚器官の入力が統合された1つのものとして経験される。だが考えてみれば，どうやってこんなことが可能なのだろう？　光・音・熱や圧力といった異なるエネルギー特性をもつ物理・化学的刺激を受容し処理するには，視覚・聴覚・触覚といったそれぞれに特異的かつ別個の入力受容系が不可欠である。しかしながら，このような「モジュール的（要素ごとの）情報処理」とわれわれの「不可分に統合された感覚経験」との間には大きなギャップがあるように思える。複数の感覚情報がどのように統合されうるかは，「結合問題」（binding problem）とよばれる大きな謎であった。

　「結合問題」は，近年特にクローズアップされてきた。感覚系は個々に独立したものではなく，別の感覚系の情報によって知覚が促進あるいは阻害される（Turkewitz, 1994）場合があることが，さまざまな手法をもちいて実証的に示されてきたことも大きな要因である。心理物理学的な実験が，空間・時間的一致などの多くの多感覚統合を促進する要因を明らかにしてきた（総説はCalvert et al., 2004；和田ら，2007；北川ら，2007；Spence et al., 2007）一方で，<ba>を発音している口唇の動きに<ga>音を同期させて提示すると，視覚的に

も聴覚的にも提示されていない<da>音が聞こえたように感じるマガーク効果（McGurk & MacDonald, 1976；Green et al., 1991）に代表されるような，視聴覚刺激の相互作用による知覚の変容を示す知見も蓄積されてきた。また，脳機能画像研究の進展に伴い，感覚間の相互作用を伴う錯覚の存在やその神経基盤についての検討も進んでいる（e.g. Shimojo & Shams, 2001）し，ヒト以外の種での検討も行なわれている（Hashiya & Kojima, 1997, 2001 a, b；Jordan et al., 2005；Evans et al., 2005；Kojima, 2003）。「共感覚」という用語も，研究の俎上に上るようになった(Cytowic, 1993；Harrison, 2001；Maurer & Mondloch, 2004）。

　その中で，感覚統合の発達的起源もまた，古くから議論が重ねられてきた知覚研究の根本的課題の１つである（Berkeley, 1709；Gibson, 1969）。本章では，多感覚知覚の中でも，本書で扱われてきた視覚発達に関係の深い，視聴覚統合の発達についておもに取り扱う。成人で研究されてきた諸問題と対比しながら，その初期発達過程に関する現段階での知見を示したい。20世紀の半ばには，ピアジェや同時代の神経科学者は，感覚統合を「高次の」情報処理過程であると考え，発達の中で外界の経験を通して個々の情報の関係がマップされることでゆっくりと成立する能力ととらえていた（Piaget, 1952；Birch & Lefford, 1963）。しかしその後，この章で述べるように，生後間もない新生児が感覚統合能力を示すことがあきらかになってきた。現在では，個々の感覚系の間には系統的にも古く発達早期からすでに成熟しているコネクションと，系統的に新しくゆっくりと成熟するコネクションとが混在しているというのが，ほぼ一致した見解といってよい（Botuck et al., 1985；Damasio, 1989；Smith & Katz, 1996；Thelen & Smith, 1994）。

　ここで注意すべき点は，「感覚統合」とひとことで言っても，さまざまな側面が存在することである。視聴覚統合の発達過程を詳細に検討することは，感覚統合にまつわる複数の様相を解体し整理することを可能にする手段としても有効である，と著者たちは考えている。その際にはまず，感覚間の相互作用に関していくつかのレベルを設定する必要がある。また，用語を整理しておく必要もある。この分野の文章にすでに接してこられた読者は，マルチモーダルやインターモーダルという表記になじみがあるかもしれないし，感覚様相という

訳語もご存知かもしれない。Modalityには「様相」という訳語が充てられることが多いようなので本稿でもそれに従う。あまりなじみのない術語だが，感覚情報そのものとその処理様態（感覚系）の両者を含むものだと理解していただきたい。本稿の文脈では「感覚様相」とする場合が多いが，「感覚」とだけ呼ぶ場合もある。

　まずmultimodal（マルチモーダル）は，一般的な意味で複数の感覚様相の関与を指す。intermodal（インターモーダル）は特定の感覚様相間（たとえば視覚と聴覚）の相互作用を指す場合の総称である。amodal（アモーダル）は「汎感覚様相的」とでも訳すべきもので，空間配置，生起・持続時間（テンポやリズムも含む），刺激の相対的強度など，個別の感覚様相を超えて一定の普遍性をもつ刺激特性のことを指す。cross-modal（クロスモーダル）は，基本的にアモーダルな情報を含まない特定の感覚様相間の相互作用を指す場合に適当な用語と考えればいいだろう。しかしこの分類は便宜的な提案であり，実際には文献ごとに術語の使い方が異なるケースも多い。特にintermodalとcross-modalとは同義で使用されることも多い。また本稿では，日本語訳を無理に充てず，カタカナ表記にした。ちなみに共感覚は，「アモーダルな関係が想定されにくいインターモーダル情報が，アモーダル的に処理される知覚現象」を指す。

　本来的にマルチモーダルなヒトの感覚経験は，感覚様相間のアモーダル情報とクロスモーダル情報とが統合されることによって成り立っているといえる。アモーダル情報にも空間・時間・強度などさまざまな異なる属性が含まれるし，クロスモーダル情報においても「音と音源となる物体」と「名前（音列）と対象」とでは，要素間の関係が大きく異なるだろう。また，共感覚や音声象徴性の研究が示すように，アモーダルとクロスモーダルとは厳密に二分されうるものでもなく，両者の境界には曖昧な領域も存在する点も認識しておく必要があるが，本章では議論を明確にするためにも，アモーダル知覚・クロスモーダル知覚をいったん分離して論じる。はじめにアモーダル情報統合およびクロスモーダル情報統合それぞれについての研究を紹介し，それぞれの乳児期における知見を概観しよう。その上で，ヒトの発達における両者の1つの結節点として，言語学習におけるインターモーダル情報の機能について述べる。

2 成人のインターモーダル知覚

(1) 成人のアモーダル知覚

すでに述べたように，ここでいうアモーダルとは「感覚様相を超えて共通した刺激特性」を指すのであり，視知覚研究の文脈における概念とは若干異なるので注意が必要である（本書4章参照）。

目の前で誰かが太鼓を打つ姿と音とは，打撃の瞬間の視覚的な加速度変化と音の立ち上がりにおいて，視聴覚刺激の到達時間の若干のズレにもかかわらず，時間的なアモーダル情報を共有しているといえる。われわれはこのようなアモーダル情報を検出しているが，さらに興味深いのは，視聴覚刺激間に「ズレ」が生じた時には，そのズレを補完して解消するような知覚さえ備えている点である。テレビや映画を視聴する際の画面とスピーカ位置とのズレ（画面上の音源から音が出ているわけではない）も同様であるが，腹話術では，本来の音源である動いていない腹話術師の口ではなく，動いている人形の口が音声を発しているように感じる（腹話術効果；Jack & Thurlow, 1973）。これは，視覚的な時空間手がかりが聴覚的な音源知覚に影響を及ぼすことを示している。また，単一の視覚的フラッシュに2回のビープ音（ピピッという音）が伴うと，2回フラッシュが点滅したように見える錯覚が生起する（ダブルフラッシュ錯覚；Shams et al., 2000）。これは，時間的な知覚においては，聴覚が視覚に影響を与えることを示している。さらに，視覚誘発性電位をもちいたShamsら（2001）の研究によれば，この錯覚の生起に伴う電位は，実際に生起した2回フラッシュと非常によく似たパタンを示す。これは音が視覚処理のかなり初期レベルに影響することを示している（Shimojo & Shams, 2001）。このことから，アモーダル情報処理のネットワークは，初期知覚過程にも及ぶと考えられる。

これらの現象は，空間分解能については視覚が聴覚よりも優れている一方で，時間分解能については聴覚が視覚よりも優れていることに由来しているのかもしれない。腹話術効果やダブルフラッシュ錯覚は，視聴覚の感覚様相からそれぞれ異なる時空間情報入力をほぼ同時に受けると，より誤差が少ない知覚を実現するようにそれらの情報を統合することを示している（Ernst & Banks, 2002）。意地悪な研究者が実験操作を加えでもしない限り，外界において同一

イベントの視聴覚刺激間が（到達速度や減衰といった）物理的制約の枠を超えて「ズレる」ことはほとんどないといっていいだろう。知覚上のノイズの存在を考慮すれば，ふたつの感覚様相がアモーダルな情報を共有している「かのように」刺激を取り扱い統合的に処理することは，まれに知覚される例外的な事態が個体の生存に重大な影響を及ぼさない限り生態学的環境において適応的な意味があると考えられる。

(2) 成人のクロスモーダル知覚

　親しい友人や見慣れたタレントの声を聞けば彼（彼女）の顔を想像できる。鳥の声を聞いて，どの種の鳥なのか特定できる人も少なくない。「ミドリ」という音列を提示されれば，特定の色が想起されるだろう。このように，われわれはアモーダル情報を共有せず質的に異なる情報（クロスモーダル情報）が与えられたときでも日常の経験に基づきそれらを結びつけることができる。このようなクロスモーダル知覚もヒト特有のものではない。日常の経験をもとに個体性や性別に基づいて同種やヒトの声と顔写真とを連合させることは，少なくともチンパンジーでも可能であることが実験的に示されている（Hashiya, 1999；Hashiya & Kojima, 2001a, b；Kojima, 2003；Kojima et al., 2003；Izumi & Kojima, 2004）。

　この種の情報統合には推論に基づいた連想によるものだけでなく，ごく短時間に（瞬時に）結び付けられるものもある。このことを示す巧妙な実験例を以下に2つあげる。ブルーメンとデ・ガルダー（Vroomen & de Gelder, 2000）は，97msごとに連続的に提示される視覚パタンの中からターゲットを検出し，その場所を特定する課題を行なった。彼らはディストラクタ画面に低音，ターゲット画面には高音を同期させて提示すると，聴覚刺激は視覚的なターゲットである形態が存在することを予測させるような情報は与えていないにもかかわらず，ターゲット検出成績が向上することを見いだしている。さらにセクラー（Sekuler et al., 1997）は，音によって視覚的に観察される事象が劇的に変化する現象を報告した。2つの円盤が離れた所からお互いの方向に接近し，重なった後離れていくという映像が画面上に提示されたとき，円盤が重なる瞬間に短い音が提示されるだけで，被験者は円盤がぶつかって飛び跳ねたように知覚す

る。これは交差／反発錯覚とよばれている。重要なのは，視覚情報は同一であるのに，あるイベント（円盤の重なり）に同期した聴覚刺激が提示されることによって，事象の知覚自体が変容する点である。

　ヒトは，特定のイベントにおける同期性などのアモーダル情報を入れ子としつつクロスモーダル情報を統合し，「生態学的環境において妥当そうな解釈」を導き出すような知覚的バイアスさえ備えているということができる。

3 乳児のインターモーダル知覚

(1) アモーダル情報は新生児期から統合されている

　新生児でも感覚間の時間的な一致や刺激強度の一致といったアモーダル情報の統合が可能であることがこれまでに示されてきた。スペルキ（Spelke, 1976）は乳児に左右2つのモニターで，「いないいないばあ」をする女性の顔の映像と，棒でブロックとタンバリンをたたく映像とを提示すると同時に，中央に位置した1つのスピーカーから，一方の映像の音声を提示した。その結果，4か月児で，音声に一致した映像に対して有意に長く注意を向けた。また，新生児あるいは1か月児は，触覚的には体験したことはある（しゃぶったことはある）が見たことがないおしゃぶりを視覚的に同定できた（Meltzoff & Borton, 1979；Streri, 2003；Streri & Gentaz, 2004）。

　時間的側面については，1か月児は視聴覚の同期・非同期に対する弁別が可能であることが示されている（Bahrick, 2001）。さらには新生児でも，モノの動きと音に同期性のない条件では，音とモノの組み合わせの弁別が不可能であるが，同期性のある条件では可能となることが示されている（Slater et al., 1999）。これらの知見は乳幼児が強度や時間的な一致という多感覚のアモーダル情報を検出できることを示している。橋彌ら（2003）は選好注視法をもちいて，ヒト5-6か月齢児とニホンザル8-17日齢児において，視聴覚刺激が同期する映像の注視時間が，非同期の映像と比較して有意に長いことを報告している。いわゆる期待違反（見慣れないものをより長く注視する）に基づいた傾向とは逆転しているようにも見えるが，さらに分析すると，非同期条件ではヒト乳児・ニホンザル乳児ともに視線の変更頻度が上昇（キョロキョロする）し，

このことが注視時間の低下の要因であることがあきらかになった。「時間的アモーダル情報に齟齬が生じた場合にはアモーダル情報を共有する他の対象を空間的に探索する」という傾向が存在する可能性がある。またこの傾向は，ヒト以外の生物にも共有される特性であるようだ。

　テンポやリズムの知覚についても研究が行なわれている。レウコヴィッチ (Lewkowicz, 2003) は，4，6，8，10か月齢児を対象に，映像と音声とが同期した2つの視聴覚刺激を弁別する課題を行なったところ，リズムパタンだけが違っても視聴覚刺激を弁別することができた。さらに，映像と音との同期／非同期を弁別する課題も行なった。すると，同期する刺激も同期しない刺激もあるリズムで動く条件では，10か月齢児しか弁別できないのに対し，双方にリズムがなければ全月齢で弁別できるという結果が得られた。この結果から，乳児は4か月齢からリズムパタンの違いを検出できていることが示された一方で，リズムをもった視聴覚刺激に対しては注意がリズムの方に向いてしまうために，8か月齢まで同期性の検出ができないことが明らかになった。乳児は同期性に反応するようになる前に，リズムに注意を向ける傾向が示唆される。またピケンズとバーリック (Pickens & Bahrick, 1997) によると，7か月児が2種類の視聴覚刺激を弁別する際，リズムの違いだけではその差異を検出できないが，リズムもテンポも異なれば検出が可能であった。このように，乳児は映像と音声の共通の同期性，テンポ，リズムを検出できることがわかっている。これらの情報に選択的な注意を向けることで，効果的かつ効率的に情報を補完可能なのである (Bahrick, 1994)。

　視聴覚情報の空間的一致の認知の発生時期については見解が分かれている。ニール (Neil et al., 2006) は，8-10か月児は視覚刺激か聴覚刺激のいずれかを単独で提示した場合よりも，視聴覚刺激を同一位置から提示した場合に眼球運動および頭部の動きの潜時が安定して短いことを示し，これが多感覚による反応性の促進の発生の証拠であるとしている。このような能力の発生については，生後1.5か月の乳児で視聴覚間の空間的な一致／不一致の検出が可能になると主張する研究もあるが (Aronson & Rosenbloom, 1971)，新生児ですでに視聴覚の空間的対応関係があるとする説もある (Morrongiello et al., 1998)。空間定位には，両眼・両耳情報の統合的な処理や，視力の問題（本書6章参照），

定頸や眼球運動等が身体発達の要因もより強く関与するため，少なくともヒトにおいて（橋彌ら，2003）空間的アモーダル情報の統合が行動レベルで成立するのは時間的アモーダル情報の場合よりも遅れる可能性がある。

(2) クロスモーダル情報統合の発達

　クロスモーダル情報の統合の存在を示唆する乳児の行動も観察されている。7か月児は，カップの色と，その中の飲み物の味の連合学習が可能になる（Reardon & Bushnell, 1988）。また，Brookesらは馴化脱馴化法を用いて3か月児はヒトの顔と声を結びつけることが可能であることを明らかにした（Brookes et al., 2001）。対象児に2人の人物の顔と声との組み合わせを交互にくり返し提示し，この刺激に対する乳児の注視が低下したところで，2人の顔と声を入れ替えた新奇の組み合わせを提示したところ，注視は回復した。この結果から3か月児は声と発声者の顔との連合を学習できることが示唆される。同様の課題を，2，4，6か月児を対象に行なった場合は，顔と声の組み合わせの変化を2か月児では検出できないが，4，6か月齢児では検出できることがわかった（Bahrick et al., 2005）。さらに6か月齢児は，学習の10分後に顔と声を一致させる課題に成功した。また，乳児は声と顔がそれぞれ子どもか大人かによって，正しい関係を検出することもできる（Bahrick et al., 1998）。また，性別における顔と声の不一致の検出もこの時期に獲得できる（Patterson & Werker, 2002）。これらの現象はクロスモーダル情報の連合学習が，少なくとも生後3か月以降では可能であることを示している。

　また，小林ら（Kobayashi et al., 2005）は，6か月児を対象に期待違反法を用いて，2回のトーン提示後に2つの視覚刺激・3回のトーン提示後に3つの視覚刺激を提示する馴化の後に，2回のトーンに3つの視覚刺激・3回のトーンに2つの視覚刺激を提示する条件では，注視時間が有意に上昇することを報告した。時系列的に提示された聴覚刺激と空間的に配置された視覚刺激を，数という表象レベルでインターモーダルに統合する能力があることを示している。

(3) クロスモーダル情報の瞬間的な統合

　乳児においては，聴覚情報が瞬時に視覚イベントの知覚を変化させることは

3. 乳児のインターモーダル知覚

あるのだろうか。シャイアーら（Scheier et al., 2003）は交差／反発錯覚を生じさせる視聴覚パタンに乳幼児を馴化させ，次にテストとして円盤が重なる1.3秒前あるいは1.3秒後に音をずらす条件で刺激を提示したところ，6か月，8か月児は脱馴化するが，4か月児は脱馴化しないことを見いだした。この実験結果を根拠として，彼らは6，8か月児は大人と同様に交差/反発錯覚が生じると結論づけた。しかし，この実験の結果は，時空間的な一致を検出できることを示すにとどまり，乳児の知覚事象が大人と同様に変化したかどうかは明らかでない（Slater, 2003）。和田らは，ブルーメンとデ・ガルダー（Vroomen & de Gelder, 2000）の実験を応用して，乳児の主観的輪郭の探索が音によって促進されるかどうかを検討した（Wada et al., submitted）。主観的輪郭については，同じ構成物の画面でも，それが含まれている画面を乳幼児が好んで見ることが明らかになっており，さらにその見えは3か月から7か月の間に徐々に発

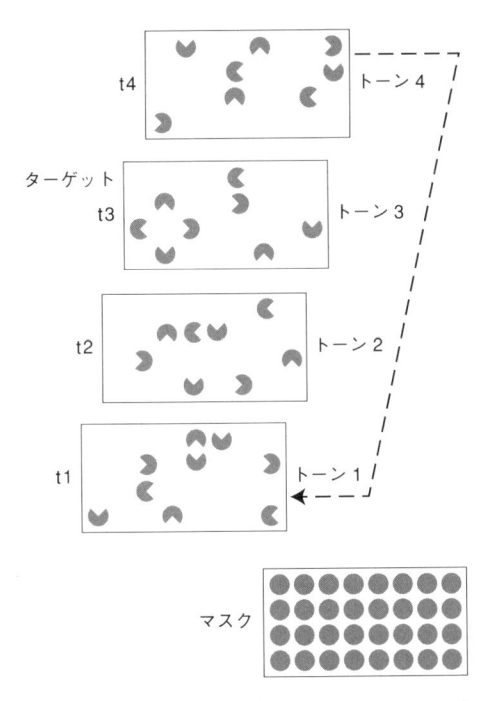

図8-1　刺激系列の模式図（Wada et al., submitted）

t1–t4を，マスクをはさんで200msずつ提示した。100msのビープ音を画面の立ち上がりと同期して提示した。

達する (Otsuka & Yamaguchi, 2003；Otsuka et al., 2004)。また，サルの電気生理的な研究 (von der Heydt et al., 1984) やヒトのニューロイメージングの研究 (Ffytche & Zeki, 1996) から主観的輪郭は線条外皮質の機能（特にV2）によって実現されることが明らかにされている。さらに，主観的輪郭を含む画面と，同じ構成要素で作られた主観的輪郭を含まない画面の間には輝度や色などの物理的強度や質の差は存在しない（図8-1）。このため，高頻度で入れ替わるディストラクタ画面に主観的輪郭を含む画面を挿入し，主観的輪郭図形への注視が顕著な音によって促進された場合は，成人と同様に，クロスモーダルの視聴覚情報が機能的に結び付けられて知覚パフォーマンスが向上することを示唆することになる。この実験の結果，7か月児のみで主観的輪郭への注視時間の促進が観察されたが，5か月，6か月児では見られなかった。

これらの研究結果から，生後半年以降には成人に近い感覚間情報統合が獲得される可能性が高い。

(4) インターモーダル情報統合能力の発生機序

これまでの知見をまとめると，乳児は，非常に早くから視聴覚間のアモーダル情報の検出を示し，その後，3か月頃以降6か月をすぎるころまでに徐々にクロスモーダル情報の統合が可能になるようだ。では，それぞれの情報は発達においてどのような相互作用をもつのだろうか？

上述したように，新生児はすでにアモーダル情報の統合を行なっているかのような行動を示す。しかし，新生児期の脳内の感覚情報処理は成人のそれとは質的に異なっているらしい。成人の脳は，個々の感覚情報をある程度，脳内の異なる部位で別々に処理している。それに対して新生児の脳では，生後数か月間は，視覚に対しても聴覚に対してもほぼ同様に，脳全体の活動が生じる。領野間に強い結合が存在し，その機能が未分化であると考えられている (Johnson, 1997)。発達初期の一次感覚野はその後見られるような特殊化が進んでいないことも報告されている (Neville, 1995)。これらのことから，生まれて間もないころは，アモーダル情報を統合的に処理しているというよりも，感覚の異なる入力を区別していないために，感覚間の協応がなされたかのような行動が生じているという説が有力である (Gibson, 1969；Maurer &

Mondloch, 2004)。この意味においては，下條（2006）が指摘した通り，ジェームス（James, 1901）が述べた新生児の知覚世界における「咲き誇るガヤガヤとした混乱」という記述は的を射たものといえる。

また，乳児のインターモーダル情報検出の手がかりも，成人と同じものとは限らない。たとえば成人は「物体が地面と衝突したときに音が生じる事象」に特に反応する。しかし，乳児はこの事象だけに反応するのではなく，「人形の動きが変化する際に音が生じる事象」にも同程度に反応する（Spelke et al., 1983）。すなわち，乳児期には，視聴覚間の対応が視覚刺激の運動の非連続性に依存しているようだ。この成人との相違は，インターモーダル知覚においても乳児期初期以降の学習や成熟が関与していることを示している。

ここで注目される乳児期の学習の基盤としてバーリック（Bahrick, 1994）は，空間的連続性や同期性，リズム，テンポ，話者の同一性，関係の一貫性など，環境内に存在する，複数の感覚を興奮させる重複したインターモーダル（アモーダルとは限らない）情報が感覚様相間で共有し重複されること（様相間重複性：intermodal redundancy）こそが，生後すぐからの感覚情報の統合についての有力な手がかりとなると指摘している。ボールがはねる事象を例にとると，その視覚イメージと音とは常に随伴し，同期していて，同じ場所から発生し，リズムや強度のパタンを共有する。乳児は，この感覚間の重複によって，視聴覚の関連に注意を向け，周辺に存在する無意味な情報を無視することができる。

感覚様相間の情報統合を示すような行動は新生児期にも観察されるが，生後数か月にいったんその行動は減少し，生後半年以降に再び現われるU字型発達を示すという報告がある。マウラーとモンドロッチ（Maurer & Mondloch, 2004）はこの現象を次のように説明している。生後すぐに観察される感覚様相間協応は脳機能の未分化に由来する。発達に伴い，皮質間の結合は抑制され，感覚様相間相互作用の出現がいったんは減少する。生後半年以降は，乳児の脳は皮質ごとに機能分化するが，残存した皮質間の結合と学習により，インターモーダル情報の結合が再出現する。すなわち，ヒトの感覚は生来，同期性，リズム，テンポなどの感覚間に重複した情報に敏感であり，これがインターモーダルな相互作用の土壌となる。大脳皮質の機能が分化すると同時に，皮質間（たとえば視覚皮質と聴覚皮質）の機能的ネットワークも整理され形成される

のである。

　もっとも，乳児期において分化された皮質どうしの相互作用がどのように成立するかを示す研究はまだ少ない。前述した和田らが報告した現象（Wada et al., submitted）は，分化した脳皮質間のインターモーダル情報を瞬時に統合する能力の発生を示す数少ない証拠の1つといえる。

　また，知覚狭窄化（perceptual narrowing）がインターモーダル知覚においても生じることが示されている。知覚狭窄化とは，発達に伴い日常生活であまり触れない情報についての処理能力が縮退する現象である。たとえば，乳児期を通じてネイティブな言語や人間の顔の弁別のパフォーマンスが向上する一方，非ネイティブの言語や他種の顔についての弁別が下がる（Werker & Tees, 1984；Kuhl, 2000；Pascalis et al., 2002）。母語音声に対する反応が鋭敏化する一方で，6か月齢では見られた発話に伴う顔の動きへの感受性が8か月齢では見られなくなることも，この知覚的狭窄化の一例である（Weikum et al., 2007）。同様なことが，クロスモーダル情報についても観察される。4，6，8，10か月児に一対の発声しているときのサルの顔の動画を，一方の顔に対応したサルの声とともに観察させると，4か月児と6か月児は一致する顔の方をより多く見たが，8か月・10か月児はそのような行動を示さない（Lewkowicz & Ghazanfar, 2006）。これは，ヒトと異なり日常的に接することのないサルの行動についてのクロスモーダル情報処理能力が低下することを示していると考えられる。これらの感覚間情報統合システムの変化は，インターモーダル情報処理の促進と，無関係な情報統合の狭窄化との相互作用による知覚系全体の精緻化の現われといえる。

　広義には，インターモーダル知覚の発達そのものも，未分化であったネットワークが生態学的環境において感覚様相間ネットワークを精緻化させるという，知覚的狭窄化の側面をもっているのかもしれない。

4　インターモーダル知覚が乳幼児の言語獲得にはたす役割

　乳児期の視聴覚統合の発達過程を概観してきた。このような知覚が，乳児が外部世界に適応していく上で重要であることは言うまでもないが，コミュニケ

ーション発達,さらには言語の初期発達においても重要な機能を担っていることも考慮すべき側面の1つである。

新生児が聴覚的に提示された/m/または/a/音に対して対応した口唇の運動を行なうという非常に興味深い報告（Chen et al., 2004）もあり，新生児模倣（Meltzoff & Moore, 1977；1983）も含めて視聴覚運動協応の側面も考慮する必要はあるが，日常のインタラクションでは，成人も乳児も，相手の発話を聞きながら同時に話している顔を見ている（Weikum et al., 2007）。不明瞭な言葉を口の動きを手がかりに理解する際には言語音声の理解には視覚情報も寄与している。それも，視覚が補助的な役割をはたすだけではなく，マガーク効果が端的に示すように視覚情報が言語音声知覚に影響を及ぼすこともある（McGurk & MacDonald, 1976；Green et al., 1991）。言語知覚は聴覚的プロセスとしてとらえられてきた側面は否めない。しかし，本章の冒頭で述べた「対象についての情報が単一の感覚様相で与えられることはむしろ少ない」点については，ことばもけっしてその例外ではないのである（Kuhl & Meltzoff, 1985）。

乳児は，マルチモーダルな経験としてことばに接する。その経験の中で，様相間重複性を基盤にしながら，常に随伴して経験する話者の声と顔，声色と表情などを，個別の感覚様相においても学習しながら，相互のクロスモーダルな関係についても学習する。まったく同様に，言語にかかわるクロスモーダル情報とその相互作用も学習されていると考えられる。クールとメルツォフ（Kuhl & Meltzoff, 1982）は，18-20週児を対象に，/a/と/i/を発音する映像を左右に並べて同時提示し，画像における口唇運動の生起と同期させてスピーカから/a/と/i/どちらか一方の音声を流して，それぞれの映像に対する注視時間を計測した。口唇の動きは時間的にそろえられているので時間的なアモーダル情報を手がかりにすることはできない。しかし対象児は，発音の音声と正しく対応した映像をより長く注視することが示された。生後4-5か月のこの時期までのアモーダル情報を基盤に，クロスモーダルな音声（母音）と視覚運動との対応を獲得しているのである。様相間重複性をもって経験されたイベントが，個々の感覚様相における知覚表象を形成する一方で，形成された表象間のインターモーダルなネットワークも（様相間重複性から独立して）形成されると考えられるだろう。

8章 視聴覚統合の発達

　語彙学習も本質的にクロスモーダルな過程であるが，声-顔の認知や音-音源のクロスモーダル知覚とは大きく異なり，語と対象の間には基本的に様相間重複性が存在しない。しかしやはり，視聴覚の様相間重複性は，乳児が語彙を学習する際にも重要な機能をもつ。ゴーゲイトとバーリック（Gogate & Bahrick, 1998）は，語彙学習において問題となる，対象と名前の恣意的な関係を乳児に学習させる際の促進要因を検討した。7か月齢児を対象に，ある母音とモノとの恣意的な組み合わせ2つを提示し学習させたうえで，両者の弁別を検討した。この際に対象児を3条件に分け，それぞれに「音とモノの動きが同期した条件」，「音とモノの動きが同期しない条件」および「モノは静止したまま音だけがする条件」を提示した。その結果，乳児は「音とモノの動きが同期した条件」のみで両者を弁別可能であった。さらにゴーゲイトとバーリック（Gogate & Bahrick, 2001）は動きのあるモノと音声の対応を記憶させる課題を行なったところ，7か月児は音とモノの動きが同期した条件でのみ学習の10分後に対応を記憶しており，さらに4日後にも記憶しているという結果を得た。これらの知見は，様相間重複性が語-対象につながる恣意的な連合学習の基盤として重要な役割をはたすことを示唆している。またモルフィースら（Molfese et al., 1990）は，新奇なおもちゃ2つにそれぞれ2音節の名前をつけ，10か月児との対面あそび場面でおもちゃを提示しながらその名前を呼ぶことをくり返した。その後のテストで，2つのおもちゃの名前を入れ替えて呼んだ際の対象児の脳波において，そのままの名前で呼んだ条件と比較してN-400の成分に有意な変化が見られたことを報告している。経験に基づく恣意的な語彙学習が行なわれ，それが記憶されていることを示す結果である。

　さらに，このような乳児の語彙学習場面において興味深いことは，母親（や周囲の成人）が乳児に働きかける際の行動特性が，語と対象との間にこの様相間重複性を提供してくれる側面をもっている点である。ゴーゲイトら（Gogate et al., 2000）によると，母親が乳児に対象の名前を教えるときには，対象の動きにあわせて（対象を動かしながら）語を発音し，乳児への接触を多く用いていた。この傾向は，語彙学習をすでに始めている乳児の母親よりも，発話前の乳児の母親の方に有意に多く見られた。乳児にとっては，母親が，乳児に対して視聴覚間の情報が同期するインターモーダルな働きかけを行なうこ

とが，乳児の語彙習得を促進している可能性，また，乳児の語彙レベルにあわせてかかわり方を調整している可能性が示唆されている。乳児は，母親らの発話行為やその働きかけに含まれる視聴覚インターモーダルな情報を利用することで，言語音声知覚や語彙習得を可能にしており，一方で母親も，乳児の発達に応じてその言語学習を促進するような働きかけを変化させているのである。

またマウラら（Maurer et al., 2006）は，円唇母音（例：bouba）と非円唇母音（例：kiki）からなる無意味語の対において，円唇母音からなる語は曲線的な図形に，非円唇母音からなる語は直線的な図形に付与されるという傾向を2.5歳児において報告している。共感覚的な音象徴研究（e.g. Köhler, 1947；Davis, 1961）の中で，ラマチャンドランとフバード（Ramachandran & Hubbard, 2001）は，一次感覚野間の連絡によって現象を説明できる可能性を主張しており，このような共感覚が初期の語彙学習に反映されている可能性もあるが，乳児期において音象徴的感覚を実験的に扱った研究はまだほとんどなく，今後検討すべき課題の1つといえるだろう。

「赤ちゃんが知覚する世界」やその発達的変化の過程を想像することはむずかしい。しかし，「咲き誇るがやがやとした混乱」の中に生まれた新生児は，神経系の成熟とともに，外部世界の感覚刺激やインタラクションを通して知覚を狭窄化し，やがて世界を効率的にかつ「ほぼ妥当」に知覚し解釈をくだすことのできる専門家になる。そうして成り立った知覚世界こそ，さまざまな感覚様相の相互作用に満ちた，われわれが経験しているマルチモーダルな世界なのである。

謝辞：初稿において，服部恭子氏（当時九州大学大学院人間環境学府）に多大な協力をいただいた。記して感謝する。

9章

視覚の系統発生：ヒト以外の霊長類の知覚発達との比較から

1 「比較認知発達」の視点

　これまでの章ではヒトの乳児を対象に，運動視や空間知覚，形態知覚，顔の認識の初期発達についての知見を概観してきた。しかし，こうした知覚発達の過程はヒトだけにみられるものだろうか。

　ヒトを含む霊長類は，他の哺乳類に比べ体重に対する脳の重さの比率が非常に高い。大脳，とりわけ大脳新皮質が大きくなっているという点も，他の哺乳類には見られない特徴である。こうした脳の発達によって，立体視や色覚による環境の認知や記憶，学習が可能になるとともに，手による対象の操作の巧緻化，社会構造の複雑化が生じた。また，霊長類のほとんどの種は，ヒトと同じように1度の出産で1個体の子どもを産むことが多い。生まれてきた子どもは時間をかけて養育される。たとえば，ヒトと最も近縁な動物種であるチンパンジーの妊娠期間は約230日から240日で，ヒトの平均266よりは短いものの非常に長い。チンパンジーの母親は，出産後およそ3か月の間，子どもを24時間片時も離さず抱いて育てる。離乳までには3年ほどかかる。また，出産の間隔はおよそ4，5年といわれている。大きな脳を完成させるためには，こうしたより長い妊娠期間と出産後の長い養育期間が必要だと考えられる。

　ヒト以外の霊長類も視覚から生存に必要な情報を得ており，比較的ゆっくりと成長することから考えると，視覚認知能力やその発達過程の基本的な部分についてはヒトと共通項がみられるかもしれない。一方，適応すべき環境が異な

9章 視覚の系統発生：ヒト以外の霊長類の知覚発達との比較から

れば，種により固有の視覚機能や発達過程を有する可能性もある。ヒトと動物の知覚発達の過程を比較することにより，ヒトがなぜ現在のような知覚系をもつようになったのか，ヒトの知覚機能の個体発生的・系統発生的起源を探ることができるのではないだろうか。このような学問領域は「比較認知科学」とよばれているが（藤田，1998），比較認知研究の多くは成体を対象としており，発達に着目した研究は非常に少ない。そこで本章では「比較認知発達」という視点から，チンパンジーやサルなどの霊長類の空間知覚と顔の認識の能力とその発達に関する研究を中心に紹介する。

2 空間知覚

ヒト以外の動物にとっても，対象の3次元形状や対象までの距離を知覚することは移動や対象操作において欠かせない能力の1つである。これまでも多くの動物種を対象に，さまざまな方法を用いて奥行き知覚の能力が検討されてきた。エレノア・ギブソン（Gibson, E. J.）らはヒトの乳児と同様の視覚的断崖法を用いて，サル，ネコ，ラット，ニワトリなど複数の動物種を対象に物理的な断崖の上に渡された透明板から深い側と浅い側のいずれにより移動するかを調べ，少なくとも自発的な移動がみられる発達段階で奥行きの弁別ができることを報告している（Walk & Gibson, 1961）。一方，ヒトは奥行きを知覚するために，両眼立体視や運動情報，絵画的手がかりなどさまざまな奥行き手がかりを利用している。これらの奥行き手がかりがヒト以外の動物でどのように用いられているのか。霊長類でもニホンザルなどのマカクザルはヒトに比べて運動機能の成熟が早く，出生時点に自発的な移動が可能である。このような運動による発達初期の視覚経験が，奥行き知覚の発達に影響を及ぼすのか。また，ヒトの視覚系は2次元の網膜像から3次元の構造を復元するために何らかの「制約」を設定して不足した情報を補っている。ヒト以外の動物もそうした「制約」に基づき，奥行き情報を処理しているのか。

（1）両眼立体視

ヒトは，左右の眼の位置の違いから生じる網膜像のズレによって奥行きを知

覚する（両眼視差：binocular disparity）。ヒトを含む霊長類では両眼が顔の前面にあり，左右の眼の視野が重なる部分，つまり両眼視野が発達しているため，両眼視差は重要な奥行き情報源となりうる。アカゲザルやリスザルなどの霊長類においても両眼立体視の能力が確認されている（アカゲザル：Crawford et al., 1996；リスザル：Livingstone et. al., 1994）。アカゲザルの乳児の両眼立体視の発達についてもヒトの乳児と同様の選好注視法により検討が行なわれた（O'Dell & Boothe, 1997）。11個体のアカゲザルの乳児に対し，2つの縞模様を左右に対提示し，乳児がどちらをより頻繁に注視するかが検討された。2つの縞のうちの一方は両眼視差による凹凸が知覚されるのに対し，もう一方の縞には両眼視差がついておらず，縞模様は平らに見える。もしアカゲザルの乳児がヒトの乳児と同様，両眼視差に対する感度をもっているならば，視差のついた縞の方をより頻繁に注視するはずである。生後1，2週齢から14週齢にかけて縦断的にテストを行なった。その結果，8週齢になるとすべてのサルが両眼視差をもつ刺激の方を有意に長く注視するようになった。また13週齢までによりこまかい縞に対しても反応するようになることが示された。ヒトの乳児の両眼立体視の能力はおおよそ生後4，5か月までに発達し，その後5，6週で成人と同じ感度に達するという報告と比較すると（たとえばBirch et al., 1982），発達時期はアカゲザルの方が早いが成熟に要する期間はヒトとほぼ同じだといえる。

　一方，霊長類とは異なり，鳥類やウマやウサギなどの哺乳類では両眼が顔の側面にある。こうした種では両眼視野がそれほど発達していないため，霊長類に比べて両眼視差が奥行き知覚に関与しないと考えられてきた。ところが，これまでの研究からハヤブサ（Fox et al., 1977）やハト（McFadden, 1987）にも両眼立体視の能力が備わっていることが示されている。ウマの両眼立体視の能力についてもランダム・ドット・ステレオグラムによって検討された（Timney & Keil, 1999）。まず，2頭のウマに実際に平らな面と凹凸のある面を呈示して平らな面の方を選択するように訓練した。その後，テストではウマの片眼に赤色のフィルター，もう片眼に緑色のフィルターを装着し，両眼視差により凹凸が知覚される面と平らに見える面を呈示した。その結果，どちらのウマもヒトには平らに見える面の方を有意に頻繁に選択した。つまり，ウマにおいても両眼立体視の能力が確認された。

9章 視覚の系統発生：ヒト以外の霊長類の知覚発達との比較から

以上の研究から，霊長類はもちろん，鳥類やウマなどの哺乳類でも両眼立体視の能力が認められた。しかしながら，これらの動物で両眼立体視と他の奥行き手がかりが奥行き知覚にどのような割合で寄与しているかについてはさらなる検討が必要である。

(2) 絵画的手がかり

ヒトは写真や映像のような2次元平面から物体の3次元形状や奥行きを知覚する。2次元画像に含まれる奥行き手がかりは絵画的手がかりとよばれている。これらの手がかりは平らなキャンバスに3次元の世界を表現する技法として，ルネッサンスの画家レオナルド・ダ・ヴィンチらによって確立されたといわれている。このような歴史からも，2次元平面から3次元の奥行きを引き出す能力はヒトに特有な文化的経験によって培われたものだと考えられてきた。一方，そうした経験をもたない動物においても絵画的奥行き知覚が成立するかについて，古くから検討がなされてきた。

1) 陰影

陰影は物体の3次元形状を知る手がかりとなる。上が明るく下が暗い円はふくらんで見える。逆に，下が明るく上が暗い円は，奥にひっこんで見える（図9-1）。ところが，頭を横に傾けて同じ図を観察すると，凹凸の印象はたちどころに変化する。さきほどまでまったく違う形状に見えていたふたつの円がどちらもふくらんでいるように見える。ヒトは光源に関して2つの「制約」をもって陰影から物の形状を見ているためである（Kleffner & Ramachandran, 1992）。1つ目は「単一光源」の制約である。ヒトは1つの光源によって場面全体が照らされていると考える。図9-1を見るときに，2つの光源が上と下のそれぞれにあるとは仮定しない。2つ目は「上方からの照明」の制約である。光源は上にあると考える。こうした「制約」は，太陽の光が頭上から降り注いで影ができる環境に暮らすヒトにとっては妥当なものだと考えられるが，ヒト以外の動物は光源に関してどのような「制約」をもっているのだろうか。

筆者らは，3個体のチンパンジーの乳児が陰影を手がかりに凹凸を区別できるかを検討した（Imura & Tomonaga, 2003）。まず，チンパンジーの乳児に対

2. 空間知覚

図9-1　陰影による凹凸の知覚
左は凸に，右は凹に見える。

し，ピンポン玉を半分に割ったような灰色の半球を凸と凹にはめ込んだボードを呈示した。すると，実際にふくらんだ凸の方へ頻繁に触れた。2つの物体のうちふくらんでいる方に自発的に触れようとする性質があることから，凹凸を区別していることが示された。次に，半球を凸と凹にはめこんだボードの「写真」を呈示した。5か月のチンパンジーの乳児は，写真についても実物のときと同様に凸の方に手を伸ばして触れた（図9-2）。陰影を手がかりに2次元の平面に描かれた凹凸を区別できたといえる。ヒトの乳児はだいたい7か月で「陰影」の手がかりを利用できる（Granrud et al., 1985）。チンパンジーの乳児もヒトとほぼ同じ時期に陰影から奥行きを知覚できることが示された。

図9-2　実際には平らな写真の凸（向かって左）へ手を伸ばすアユム（Imura & Tomonaga, 2003）
（撮影：アニカプロダクション）

9章　視覚の系統発生：ヒト以外の霊長類の知覚発達との比較から

　さらに，チンパンジーの幼児がヒトと同様に「単一光源」と「上方からの照明」の制約をもって陰影から奥行きを知覚しているのかを確かめるために次のような実験を行なった。図9-3のような陰影のついた円を縦6個×横6個の正方形に配置しこの正方形を3つ，モニター画面に提示した。一見すると3つともみな同じに見えるが，1つだけ，36個並んだ小円のうちの一部の領域（縦4個×横2個）の合計8個の陰影の方向が違っている。その部分だけ180度回転させた陰影がついている。陰影の方向が違う小円を含んだ正方形を選べば正解とした。図形に触れるまでの時間を計測した。光源が上にあると仮定した条件では，上が明るく下が暗い小円，つまり凸と見える28個の円が並んだ中に，下が明るく上が暗い小円，つまり凹と見える8個の円を含む領域がある。一方，光源が右にあると仮定した条件では，右が明るく左が暗い小円が並んだ中に，左が明るく右が暗い小円を含む領域がある。このテストをヒトが行なうと，光源が上にあると仮定した条件ではすばやく答えられる。つまり小円の陰影の向きの違いがすぐわかる。それに対し，光源が右にあると仮定した条件では答えるのが最も遅くなる。6歳のチンパンジーも3個体ともにヒトとよく似た結果を示した。このことは，チンパンジーの幼児が陰影から奥行きを知覚できるだけでなく，ヒトと同じように2つの「制約」をもって陰影からの凹凸を区別していることを意味している。

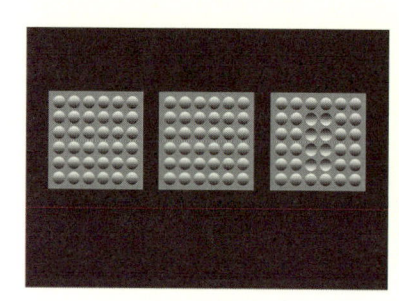

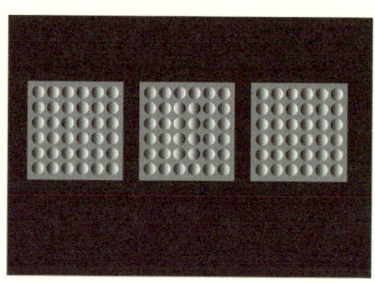

図9-3　光源に関する「制約」を調べるための実験（伊村, 2006）
左─光源が上にあると仮定した条件，右─光源が右にあると仮定した条件。

　光源に関する「制約」における経験の効果についてより直接的に検討したものとして，生後まもなく視覚経験の統制された環境下で飼育された動物の能力を検討した研究がある。ヘス（Hess, 1950, 1961）は，生後間もないニワトリ

を上から光の当たる環境，下から光の当たる環境の2群で飼育した後，上から光の当てられた穀物の写真と下から光の当てられた穀物の写真のいずれをつつくかを調べた。その結果，下から光の当てられた環境で飼育された生後7週齢のニワトリは，下から光の当てられた写真の方をつついた。このことから陰影による奥行知覚は，生後の経験によって獲得されることが示唆される。一方，ハーシュバーガー（Hershberger, 1970）は，ヘスとほぼ同じ手続きで追試した結果，下から光が当たる環境で飼育されたニワトリでも，上から光が当たる環境で飼育されたニワトリと同様，上からの光の付加された写真に対して選好を示した。この結果はヘスとは異なり，陰影による奥行き知覚が生得的であることを支持するものであり，両者の研究結果は一致していない。

2）きめの勾配

図9-4のように3つの物体が異なる距離に配置されると，実際には3つの物体の大きさは等しいにもかかわらず，「遠く」の物体の方が大きく知覚される。この現象を回廊錯視（corridor illusion）という（Fineman, 1981）。ヒトの場合には図9-4のような2次元の画像でも，きめの勾配により奥行きが知覚されるため，回廊錯視が生じる。ヒト以外の動物においても，背景のきめの勾配が物体の大きさの判断に影響を及ぼすのか。

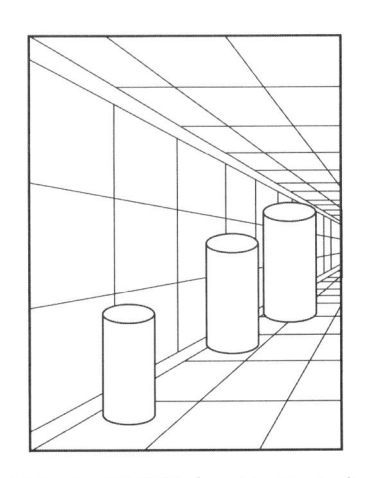

図9-4　回廊錯視（corridor illusion）

9章 視覚の系統発生：ヒト以外の霊長類の知覚発達との比較から

ヒヒにおいてこの錯視が生じるかが検討されている（Barbet & Fagot, 2002）。課題はさまざまな背景上に呈示される2つの人物画像の大きさが等しいか異なるかを答えることであった。背景にきめの勾配の手がかりを含む写真が呈示されると，ヒトの場合実際は同じ大きさであっても「遠く」に呈示された人物像の方が大きく知覚される。ヒヒにおいても背景のきめの勾配の有無によって人物画像の大きさの判断に影響がみられるかについて調べた。その結果，3個体中2個体のヒヒは，実際には人物の大きさが等しいにもかかわらず，きめの勾配を含む条件では誤って「異なる」と頻繁に答えた。背景にきめの勾配が含まれる条件でも「近く」に小さい人物画像，「遠く」に大きい人物画像が呈示された場合には正答率が増加した。以上の結果から，ヒヒにおいてもヒトと同様，回廊錯視が生じることが示された。したがって，ヒヒがきめの勾配から奥行きを知覚している可能性が示唆された。チンパンジーにおいてもきめの勾配が物体の大きさの判断に影響を及ぼすことが確認されている（Imura & Tomonaga, 印刷中）。

ニホンザルとブタオザルの乳児を対象に，きめの勾配に対する感度の発達が検討されている。ニホンザルやブタオザルなどのマカクザルは，ヒトやチンパンジーに比べて運動機能の成熟が早く，出生時点に自発的な移動が可能である。このような運動による発達初期の視覚経験が，奥行き知覚の発達に影響を及ぼすのか。辻らは，ニホンザルの乳児が，きめの勾配と運動視差を手がかりに段差を回避できるかについて検討した（Tsuji et al., 2000）。段差のある2つの面の上に渡された板の一部が透明になっており，下を覗くことができるようになっている。段差を構成する面やその上に渡された板にはテクスチャがついており，段差によるテクスチャの大きさの違いや探索行動に伴って生じる運動視差を手がかりに段差を知覚することが可能である。もし，ニホンザルの乳児がきめの勾配や運動視差から奥行きを知覚できるならば，恐怖により透明な部分を回避するはずである。0週齢から16週齢にわたり縦断的にテストした。その結果，8個体のニホンザルの乳児は，2か月齢までは運動視差のみを手がかりとしていたが，3か月齢になるときめの勾配と運動視差の両方を用いるようになることが示された。ガンダーソンら（Gunderson et al., 1993）は，ブタオザルの乳児がきめの勾配と相対的大きさの手がかりをもとに物体の距離を区別でき

るかについて調べた。きめの勾配をもつ背景に，同形，同大のおもちゃが異なる距離に配置された条件と，大きさのみが異なるおもちゃが等距離に配置された条件で，ブタオザルの乳児が2つのおもちゃのうちどちらに手を伸ばすかを調べた。その結果，7週齢のブタオザル乳児は，きめの勾配を含む条件では近い方のおもちゃへ，相対的大きさの手がかりを含む条件では大きい方のおもちゃへより頻繁に手を伸ばした。したがって，ブタオザルもきめの勾配や相対的な大きさの手がかりをもとに距離を区別していたといえる。またニホンザルの乳児を対象とした辻らの研究結果と合わせると，マカクザルでは7，8週齢頃絵画的手がかりに対する感度が発達することが示唆される。

以上の研究から，ヒト以外の霊長類もきめの勾配がから対象の距離を知覚することが示された。さらに，マカクザルでもヒトと同様，運動視差に続いて両眼立体視や絵画的手がかりによる奥行き知覚が発達することが示唆された。

3 顔の認識

ヒト以外の動物の中でも特に複雑な社会構造をもつ霊長類にとって，お互いの顔を認識することはコミュニケーションの基盤となる重要な能力の1つである。集団内で適応的にふるまうためには，さまざまな視覚情報の中から顔に関する情報をすばやく検出し同定するとともに，性別，年齢，順位，既知か否かなどによって柔軟に行動を変化させる必要がある。このような社会的関係を構築していく最初の一歩が母と子の関係である。ヒトだけでなく，チンパンジーやニホンザルなどの霊長類の母親も出産後すぐに子どもを抱いて育てる。その中でもヒトだけが，母の働きかけに対し母子間で見つめ合うと考えられてきた。ニホンザルなどのマカクザルではこうした個体間の見つめ合いは非常に少ない。一方，最近の研究によりチンパンジーの母子も頻繁に見つめ合うことがわかってきた（Bard et al., 2005）。特に生後1か月から2か月にかけて，子どもが母親を見つめる頻度が増加したのである。このような行動の発達的変化に伴い，社会的な認知能力はどのように発達するのか。本節では，チンパンジーの乳児を中心に霊長類の顔の認識の発達についての研究を紹介する。

9章 視覚の系統発生：ヒト以外の霊長類の知覚発達との比較から

(1) 顔図形に対する選好

ヒトの乳児が顔らしいものをより長く注視することは多くの研究から示されてきた。顔と認識するためには，目，鼻，口などの構成要素だけでなく，配置も重要であることが指摘されてきた。このような顔らしいものへの選好的な注視がチンパンジーの乳児にもみられるのか。また，チンパンジーの乳児はどのような特徴に基づいて「顔」を認識しているのか。これらの問いに答えるために，模式的な顔図形を用いてチンパンジーがどのような図形をより長く注視するかを縦断的に調べた研究がある。

3個体のチンパンジーを対象に，4週齢から18週齢にかけて実験を行なった（桑畑，2003）。チンパンジーの乳児に対し，3種類の図形を呈示した（図9-5）。1つ目は，目と鼻と口が顔らしく配置された「顔図形」。2つ目は，目と鼻と口が含まれているが顔には見えないよう左右対称に配置された「非顔図形」。3つ目は目，鼻，口の代わりに黒い正方形が顔と同じように配置された「顔配置図形」。これらをそれぞれ対にして呈示し，どちらの図形をより長く注視するかを記録した。その結果，生後8週齢以降になると「非顔図形」よりも「顔図形」と「顔配置図形」の方を有意に長く注視する傾向が見られた。一方，「顔図形」と「顔配置図形」の注視時間には有意差が認められなかった。この結果は，全体的な配置と構成要素の両方が顔らしい図形に対してのみ選好を示したヒトの乳児とは異なり，チンパンジーの乳児が顔のような配置をもつ図形に対して選好反応を示すことを示唆している。桑畑ら（Kuwahata et al., 2004）はニホンザルの乳児に対しても同様の顔図形を用いて検討を行ない，ニホンザルの乳児も8週齢から16週齢にかけて「非顔図形」よりも「顔図形」を有意に

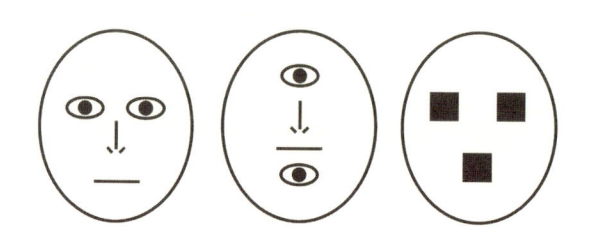

図9-5　顔図形の認識の実験で用いられた図形（Kuwahata et al., 2004より作成）
左―「顔図形」　中央―「非顔図形」　右―「顔配置図形」

長く注視するという結果を得ている。顔のような図形に対する選好はヒトの乳児だけでなく霊長類3種に共通にみられることが示唆された。一方，顔らしさを決定する特徴に関しては種により違いがみられる可能性もあり，その原因を明らかにするためにはさらなる検討が必要である。

(2) 母親の顔に対する選好

　ヒトだけでなく，チンパンジーやニホンザルなどのマカクザルも生後まもなく母親に抱かれて育つ。また，チンパンジーの母子もヒトと同じように互いに見つめ合う。こうした視覚経験が顔の認識にどのように影響するのだろうか。チンパンジーの母親に育てられたチンパンジーの乳児3個体を対象に母親の顔に対する選好の発達的変化について検討した（Myowa-Yamakoshi et al., 2005）。生後1週齢から18週齢のチンパンジーの乳児に，次の3種類の顔写真を呈示した。1つ目は母親の顔をから撮影した「母親顔」，2つ目は同じ群れで暮らす大人のチンパンジーの顔写真に含まれる特徴を平均した「平均顔」，3つ目は平均顔と母親顔の特徴の差を2倍した「強調顔」である。これらの顔写真をチンパンジーの乳児の顔の前で左右にゆっくり動かし，乳児の追従反応を記録した（図9-6）。

図9-6　母親顔を追従するチンパンジーの乳児
(Myowa-Yamakoshi et al., 2005)
(撮影：京都大学霊長類研究所)

　その結果，生後4週齢未満ではいずれの顔写真に対してもあまり追従反応が

9章 視覚の系統発生：ヒト以外の霊長類の知覚発達との比較から

見られなかったが，4週齢から7週齢にかけて「母親顔」と「強調顔」を「平均顔」に比べてよく追従した。さらに8週齢以降になると「平均顔」への追従が徐々に増加し，いずれの顔写真に対しても追従反応がみられるようになった。では，顔に対する選好が「母親顔」から「平均顔」へと変化したのはなぜだろうか。じつは，健康管理や安全面の配慮から生後数週間，チンパンジーの母子は他のチンパンジーから離れて母子だけで暮らしていた。興味深いことに「平均顔」に対する好みの出現した時期は，チンパンジーの乳児が母親以外の大人のチンパンジーといっしょに暮らし始めた時期と重なる。つまり，生後の視覚経験がチンパンジーの乳児の顔に対する好みに影響を与えた可能性も考えられる。ヒトの乳児ではチンパンジーの乳児よりも早く，「平均顔」に対する選好がみられるという。このことも視覚経験の重要性を反映しているのかもしれない。

4 まとめ

本章では，「比較認知発達」という視点からチンパンジーやサルなどの霊長類の空間知覚と顔の認識の能力とその発達に関する研究を概観した。

ヒト以外の霊長類においても両眼立体視や絵画的手がかりによる奥行き知覚の能力が確認された。鳥類やウマなどの哺乳類のように，ヒトに比べ両眼視野が狭い動物でも両眼立体視による奥行きが知覚された。さらにチンパンジーの幼児がヒトと同様に「単一光源」と「上方からの照明」の制約をもって陰影から奥行きを知覚しているチンパンジーの幼児では陰影からの3次元形状の知覚していることが示された。これらの知見から，霊長類を始めとするさまざまな動物が複数の手がかりから奥行きを知覚していることが示唆された。

チンパンジー，マカクザル，ヒトの奥行知覚の発達の比較から，運動視差に続いて両眼立体視や絵画的手がかりの感度が発達するという霊長類で共通の発達順序が見られた。顔の認識の発達の比較からは，顔らしさを決定する特徴に関しては種により違いがみられる可能性があるものの，霊長類3種において共通して顔のような模式図形に対する選好が見られた。

冒頭述べたように，ヒト以外の動物を対象とした知覚発達研究は非常に少ない。今回はそのなかでも比較的研究の進んでいる空間知覚と顔の認識に関する

4. まとめ

知見を紹介した。現在の知見からは空間知覚や顔の認識の能力とその発達に関して，ヒトとそれ以外の霊長類で共通項が確認されている。一方でヒトを含む動物の知覚能力は，社会や生息環境，身体運動能力の違いによっても規定されているはずである。今後，こうした側面を考慮した比較認知発達研究が期待される。

10章

乳児期における発達と障害

　赤ちゃんの時期はその後の発達の基礎となる大切な時期である。したがって遺伝子や染色体，また周産期などに何らかの問題があると，さまざまな形でのちのちにまで影響を及ぼすことがある。しかし同時に，赤ちゃんの時期は非常に柔軟な時期でもあり，早くからの対応によってよりよい方向に発達をうながすことも可能である。したがって，より早い時期に赤ちゃんの問題を見つけ，対応することは非常に重要な作業である。しかし，赤ちゃんが積極的にそれらのサインを示してくれるわけではなく，またさまざまな点で脳や神経系が未成熟であるために，この時期にそれらを見きわめることは非常にむずかしいことでもある。そのような状況ではあるが，いくつかの手法が赤ちゃんの問題を見いだすのに有効とされている。本章では心理学とかかわりが深く，かつ早期に発見が望まれる障害と，それらの検出や予測などに用いられる手法を紹介する。

1 赤ちゃんの時期に発見が望まれる障害

(1) 脳性麻痺 (cerebral palsy；CP)

　脳性麻痺は「胎児期から出生後4週までの間に起きた，脳の何らかの障害による運動の異常」と定義されるように，幼少期に端を発する運動障害であるが，知的障害を伴っていることも少なくない。原因も1つではなく，感染症や低酸素症，脳血管障害などがあげられている（熊谷, 2007）。脳性麻痺は動きの不自由さがあるので診断も容易かと思われるかもしれないが，赤ちゃんの時期に見

いだすことは容易ではない。なぜなら生後2週間までの時期を除いて，病的所見が改善されてしまうためである。そのため，一見，正常になったと判断されてしまい，数か月から1年以上経過して，定型的な脳性麻痺の徴候が発現してくることも少なくない（穐山，2002）。より早い時期からの療育がのぞまれるためにも，赤ちゃんの時期での評価が重要となる。

(2) 自閉性障害（autistic disorder）

①対人相互関係の障害，②意思伝達の障害，③行動および興味が限定され，反復的で常同的な様式，の3つを特徴とする。特に精神遅滞の合併が無い場合を高機能自閉症とよび，後述するアスペルガー障害との関連性が議論されている。

診断は，多くは症状がはっきりしてくる3歳頃になされるが，市町村によっては1歳半検診で発見されることもある。また，早期の徴候としては，しがみつきの欠如（母親に抱かれる時，その手を母親の身体に廻すことをせず，丸太棒を背負っているように感じられる状態）などがあげられている（中根，1999）。

(3) 自閉症スペクトラム（autism spectrum disorders）／広汎性発達障害（pervasive developmental disorders；PDD）

自閉性障害を中核として，アスペルガー障害，レット障害，小児期崩壊性障害，特定不能の広汎性発達障害を含む広い概念で，①対人関係の異常（社会性障害），②ことばやコミュニケーションの異常（コミュニケーション障害），③特徴的なこだわり（限局した興味と行動）を特徴とする。特にこれらすべてに当てはまる場合を自閉性障害，①と③のみは，アスペルガー障害に分類される。この中で最も高機能（高い知的機能）なのはアスペルガー障害である。アスペルガー障害の場合，早期にも言語・認知発達の遅れはなく，胎生期や乳児期の特異的な徴候も認められないことから，問題に気づかれるのは幼稚園や保育園，場合によっては小学校に入ってからである（栗田，1999）。高機能自閉症とともに診断可能な年齢は3歳以降とされている（土橋，2007）。ただ，愛着形成の点では早期から質的な差に気づかれることもあり，この点を取りあげて早期に介

入することの重要性が指摘されている（小林・財部, 1999）。

(4) 注意欠陥・多動性障害（attention deficit/ hyperactivity disorder；ADHD）

　子どもの発達レベルから期待されるよりもはるかに多動であり，不注意でもあるという症状を示し，これらの症状のために社会的な生活（学校や保育所）などで不利益が生じ，かつ一定の期間にわたって複数の場所で観察される，などの特徴を示す障害である（加我, 2007）。本格的に心配されるのは，幼稚園年長あるいは就学後の6歳前後であるが（加我, 2007），胎児期や乳児期にも特徴があることが示されている。たとえば胎児期であれは，胎動が激しく，つわりがひどかったり，乳児期であれば，気むずかしく，よく泣き，なだめることがむずかしく，かんしゃくをよく起こしたり，だっこを嫌がるなどの特徴があげられている（田中, 2001）。

2 障害の検出や予測に用いられる手法

(1) 神経学的な検査法

　神経機能の検査には大きく分けて2種類がある。1つは赤ちゃんに刺激を与えて，その時の反応のようすをみる一般的な神経学的診断法であり。もう1つは直接的な刺激を与えないで，赤ちゃんを自由な状態にして，その時の活動のようすをとらえる手法である。前者は，この本の範囲を超え，心理学の立場でかかわることも少ないため，詳細は小児科のテキストなどに譲り，本項では後者の手法を紹介する。

　実際に育児の経験がないと経験することが少ないかもしれないが，新生児期の赤ちゃんは何も無い状態であっても実によく動いている。特にからだを自由な状態にして仰向けにするとそのようすがよくわかる。一般的な神経学的検査では，刺激を与えてその結果として生じる反応（反射）を見ているのに対して，この検査で見る動きは刺激に関係なく生じていることから自発運動と考えられている。また，この動きは赤ちゃんが主体的に動かそうと思って動いているわけではなく，自発運動の発信器（generator）が脳幹にあり，その信号が動き

となって現われていると考えられている。したがって，脳のようすが動きに直接反映されているともいえる。プレヒテル（Prechtl, H. F.）らはこの動きに着目して，ジェネラル・ムーヴメント（General Movements；GMs）と名付け，独自の評価・解析手法を考案した（Prechtl, 2001）。評価方法は体系的に整理され，表10-1に示すような特徴や発達段階が示されている。このような段階の有無を確認したり，それぞれの段階での動きの特徴を確認することで現時点での神経系の機能の評価や，将来的に起こりうる障害を予測したりする。動きの評価は赤ちゃんの動き全体（すなわちゲシュタルト）の観察を主体とした定性的なものではあるが，一般的な神経学的な手法よりも脳性麻痺などの障害の検出力が高いことや（Seme-Ciglenecki, 2003），一般的な検査法と組み合わせることによって障害の検出力が高まること（Snider et al., 2007）が報告されている。プレヒテルらはビデオに記録して評価することを推奨しているが，直接的な観察でも障害の予測に有効であることが確認され（Guzzetta et al., 2007），その簡便さから今後より一般的な評価方法となっていくと思われる。

表10-1　ジェネラル・ムーヴメントのタイプとその特徴（Hadders-Algra, 2004）

ジェネラル・ムーヴメントのタイプ	見られる時期 (weeks' PMA)	動きの特徴
未熟児期 Writhing（もがき）期	±28～36-38 36-38～46-52	骨盤や体幹の動きを多く含む，極めて多様な動き。多様な動きに，力強さ（もがき）が加わる。未熟期のジェネラル・ムーヴメントに比べて，この時期のジェネラル・ムーヴメントは，ゆっくりとし，骨盤や体幹の動きは減少する。
Fidgety（そわそわ）期	46-52～54-58	小さくエレガントな動きの連続的な流れを含んだ簡単な動きで，頭，体幹，四肢など，からだ全体が同じ範囲で不規則に動く。また，小さな動きが，大きく速い動きに重なることがある。

　従来からジェネラル・ムーヴメントを用いた評価は脳性麻痺などの主として運動系の障害の検出や予測に有効であることが知られていたが，近年ではレット障害（Einspieler et al., 2005）や注意欠陥・多動性障害（Hadders-Algra & Groothuis, 1999）など，さまざまな発達障害の検出に対してもその有効性が示されている。また，ジェネラル・ムーヴメントの発現そのものは先天的に規定されたものであるが，その後の道筋は赤ちゃんの状態によって変化することが

知られている。たとえば，先天的な視覚障害の赤ちゃんは，初期のジェネラル・ムーヴメントは変化しないが，後期のジェネラル・ムーヴメントには変化が生じたり（Prechtl et al., 2001），同様に視覚障害のある赤ちゃんでも聴覚的な空間定位能力の発達によって運動機能の発達が異なることが報告されている（Elisa et al., 2002）。このように運動機能の発達を見ることで，視覚や聴覚なども含む認知機能全般の発達のようすを診ることにつながるのである。

(2) 質問紙法

　自閉性障害は認知・社会的な側面の障害が中心であるため，診断がなされるためには一定以上の年齢（少なくとも1歳半から2歳）に達している必要がある。しかし診断される前からお母さんは何らかの形で赤ちゃんの異変を感じ取っていることが少なくない。たとえば喜多・若林（1993）は，自閉性障害の診断が確定された幼児の乳幼児期の育児日記を分析した結果，生後4-5か月ごろから母性的人物に対して一般的に期待されるさまざまな愛着行動を示さない事例を示している（しかし明確な差異を見いださない例も紹介されている）。広汎性発達障害をターゲットにこのような早期の特徴に焦点を当てて作られたのが，乳幼児行動チェックリスト（IBC）（長田ら，2000）やその改訂版（IBC-R）（金井ら，2004）である。ただし乳幼児期の診断を目指すものではなく，後方視的に乳幼児期（0歳代から2歳まで）のようすを振り返り，それらに基づいて表10-2に示すようなチェックリストを記入し評価することが目的である。

表10-2　乳幼児行動チェックリスト改訂版（金井ら，2004より抜粋）

1. あやしても顔を見たり笑ったりしない。
2. 大きな音にも驚かない。
3. 名前を呼んでも振り向かない。
4. イナイイナイバーをしても喜んだり笑ったりしない。
5. 抱こうとしても抱かれる姿勢をとらない。
6. 視線が合わない。
7. 指さしをしない。
8. 人やテレビの動作のまねをしない。
9. 周囲にほとんど関心を示さないで，一人遊びにふけっている。
10. 遊びに介入されることを嫌がる。

オリジナルは24項目より構成されている。2歳まで（評価時が2歳以前の場合には今まで）に該当した場合には「はい（1点）」に印を付け，該当しない場合には「いいえ（0点）」に印を付ける。24点満点で，6/7点がカットオフ点である。

IBC-Rでは，およそ80%の確率で広汎性発達障害とそうではない幼児とを判別できることが示されている。

(3) ビデオを用いた行動観察法

　質問紙法と同様に障害を早い時期から把握しようとする試みとして家庭用ビデオを用いた解析がある。これも現時点では後方視的な研究が中心であり，後に障害が確認された子どもの赤ちゃん時代の行動を解析し，どのような特徴があるのかを記述したものである。その多くは自閉症児を対象とした研究で，運動や社会的側面，象徴的遊びなどの点でその差異が報告されている（Losche, 1990）。より詳細に検証した最近の報告ではアイコンタクト，プラスの感情表出，抱っこ，視線の回避，他の子どもへの関心，慣習的なソーシャルゲーム，他者の行動を期待したふるまい，共同注意などの点で対照児とのあいだで差が認められている（Clifford et al., 2007）。また，レット障害は，女児にのみ発症する障害で，一般的には1歳までは正常に成長するといわれているが，ビデオ解析をした結果，乳児期にも行動の異常を示すことが明らかとなっている（Trevarthen & Daniel, 2005）。

　このように一般的な診断がなされる以前でも，詳細に観察することによって，早期に発見できる可能性が示されている。

(4) 脳波

　脳波（electroencephalogram；EEG）を用いると脳の発達のようすやその異常をより詳細に把握することが可能となる。単に波形を観察するだけでも，てんかんなどの脳の異常を検出することは可能であるが，脳波を定量的に解析することによってより詳細な分析が可能となる。脳波の解析手法は数種類あるが，赤ちゃんを対象とした場合には，誘発電位（evoked potential）が最も一般的な手法である。これはさまざまな感覚で生じた脳波のわずかな変化をくり返し加算処理したもので，刺激の種類によって視覚誘発電位（visual evoked potential；VEP）や聴覚誘発電位（auditory evoked potential；AEP），体性感覚誘発電位（somatosensory evoked potential；SEP）に分類され，赤ちゃん研究ではおもにVEPが用いられている。もう1つの解析手法は，事象関連電

位 (event-related potential；ERP) であり，やはりくり返しの加算処理を必要とする。誘発電位で認められた障害は，各種感覚機能の障害を反映しているのに対して，事象関連電位で認められる障害は，より高次の認知機能の障害を反映していると考えられている。

1) 誘発電位

VEPは点滅する光によって誘発された脳波の変化を加算することで測定する。刺激には強い光を用いるため睡眠中にも測定することが可能である。そのため赤ちゃんの状態に依存しないで比較的容易に測定することが可能である。得られた波形の形状や立ち上がり時間を評価することによって，病的な状態との弁別も可能である上に，脳（たとえば視神経や視放線）の発達を直接把握できる可能性が示されている（常石，2002）。また，未熟児はさまざまな発達上のリスクを抱えていることが知られているが，このような赤ちゃんを対象とした検討では，VEPで生存率や脳性麻痺となる可能性のある赤ちゃんを高い確率で弁別できることが報告されている（Shepherd et al., 1999）。

2) 事象関連電位

一般的に用いられる手法はオドボール課題とよばれ，頻度の異なる刺激を提示し，低頻度の刺激が出現したときに被験者が反応することが求められ，その時の波形が加算されるが，赤ちゃんでは単に低頻度の刺激に対して生じる波形の変化を加算して測定される。また，聴覚刺激では，刺激の変化に対して100〜200msecの潜時で生じる電位の変化をミスマッチ陰性電位（mismatch negativity；MMN）というが，これは音に注意を向けていない時にも観察されることから，前注意的で自動的な処理過程を反映していると考えられている。MMNは新生児でも計測可能であるばかりか，睡眠時にも計測できることが報告されているが，障害児に対する適応はまだ少ないのが現状である（Fellman & Huotilainen, 2006）。しかし家族性の読字障害（dyslexia）のリスクがある乳児で，ERPの結果がその後の言語発達を予測できることが報告されており（Guttorm et al., 2005），今後，このような手法が，これまで検出できないような各種発達障害の早期診断に用いられると思われる。

3 終わりに

　発達障害に対する早期の介入のために，より早期での障害の検出が求められている。しかし，これまで述べてきたように一般的な医学的検査では早期の検出が困難な障害も少なくなく，そのような障害に対しては，上記のようなさまざまな心理学的手法が有効と思われる。今後，新たな手法の開発やこれまでの手法が洗練されることによって，よりいっそうこの領域に対する心理学の重要性が増すことと思われる。

11章

早産児・新生児の視覚環境

　赤ちゃんの視覚に対する理解は，メラノプシン（melanopsin）とよばれる新しい光受容体の発見によって大きく変わろうとしている。光受容体とは，光（光子）をつかまえる蛋白質のことで，おもに目の網膜に存在する。メラノプシンの最大の特長は，明暗情報の処理（明るい暗いの認知）を行なうことである。これは，以前から知られていたロドプシン・コーンオプシンといった光受容体が映像情報の処理（形・色の認知）を行なっているのと対照的である。メラノプシンのもう1つの特長は，ロドプシン・コーンオプシンより早い発達段階で光情報の処理がスタートすることである。この点は赤ちゃんの生後発達と視覚環境の関係を考える上で特に重要な意味をもっている。メラノプシンの発見により，①早産児・新生児の体の成長に光環境が影響すること，②早産児と満期出産児の間でお母さんの顔を見分ける能力に差があること，をより明確に理解できるようになった。

1 早産児・新生児の視覚における2つのシステム

　現在の視覚システムの理解はメラノプシンの発見（Provencio et al., 1998）によって新しいステージに入った。つい10年前までセキツイ動物の視覚機能は，ほぼ解明されたと考えられていた。網膜外側に位置する桿体・錐体細胞がまず光を検出し，網膜内側の節細胞を経由して，視神経から脳に伝達，映像が認識されるという構図である（図11-1）。さらに分子レベルの反応を見ると，桿体

11章 早産児・新生児の視覚環境

細胞にはロドプシン，錐体細胞にはコーンオプシンという光受容体が存在する。これらの受容体は光を11-シス型レチナール（11-cis-retinaldehyde）という分子で捕まえることによって光信号を生化学信号に変換，最終的には電気信号に変えて視神経へ伝達する。また，桿体細胞は弱い光でも反応し白黒の区別をするものの，詳細な映像を脳に伝達することはできない。錐体細胞は光の強度が弱いと機能しないが，青・緑・赤の3色に反応するコーンオプシンをもち，詳細な映像を脳に伝達する。このようなメカニズムを通して桿体・錐体細胞は光信号を外界からキャッチする。

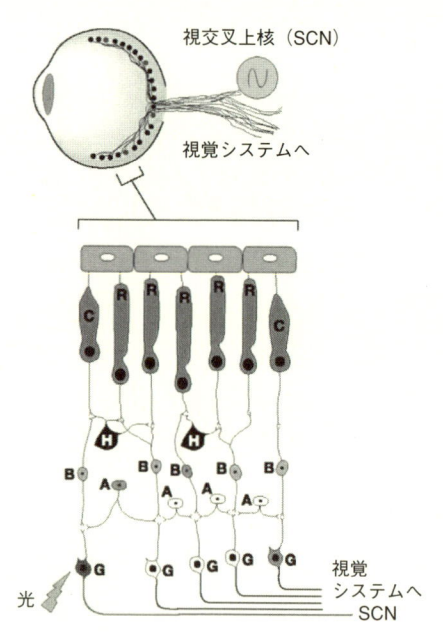

図11-1　網膜の視覚回路（Reppert & Weaver, 2002）
メラノプシンを含む節細胞は，桿体・錐体細胞を経由せず，光に直接反応し視神経を通して光情報を生物時計に伝える。節細胞は桿体・錐体細胞からの入力も受けている。R（rod cell）：桿体細胞，C（cone cell）：錐体細胞，H（horizontal cell）：水平細胞，B（bipolar cell）：双極細胞，A（amacrine cell）：アマクリン細胞，G（ganglion cell）：節細胞。

一方，近年発見されたメラノプシン（節細胞に存在する）は，形・色といった映像を脳に伝達することはできない。しかし興味深いことに明るい暗いといった周囲の明暗情報を伝達する（Provencio et al., 2000；Berson et al., 2002；

Sekaran et al., 2003)。映像を伝達できない視覚機能に意味があるのだろうかと，メラノプシンの性質を聞くと，その意義を軽視したくなるかもしれない。しかし，私達の生活の中で明暗情報を正確にとらえることは，たとえば適切な睡眠覚醒サイクルの維持・調節に重要である。メラノプシンを含む節細胞は視神経を介し，視交叉上核に到達する（Lucas et al., 2003）。視交叉上核は私達の頭のほぼ中心に位置し，脳の組織で生物時計ともよばれ，睡眠サイクルの調節に関係している。またメラノプシンを含む節細胞は，外側膝状体にも連絡している（図11-2）。

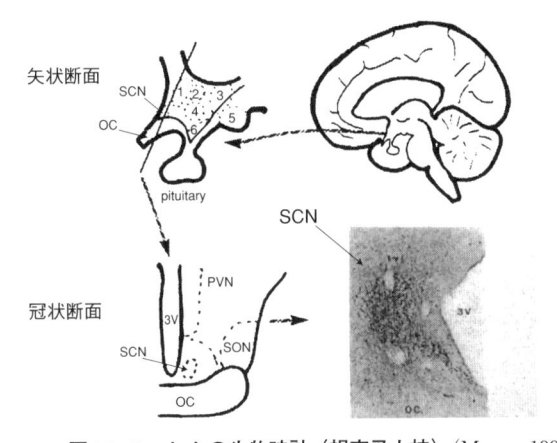

図11-2　ヒトの生物時計（視交叉上核）（Moore, 1993）
SCN（suprachiasmatic nucleus）：視交叉上核，OC（optic chiasm）：視交叉，Pituitary：下垂体，PVN（periventricular nucleus）：室傍核，SON（supraoptic nucleus）：視索上核，3V（the third ventricle）：第3脳室

外側膝状体は，桿体・錐体細胞からの映像が送信される部位でもあり，このことは節細胞から入力された明暗情報が桿体・錐体細胞から入力された映像情報を修飾する可能性を示している。加えてメラノプシンを含む節細胞は，光に対する瞳孔反射を担う脳の部位（視蓋前域オリーブ核：olivary pretectal nuclei）にも投射し，ロドプシン・コーンオプシンと共に瞳孔反射を調節している（Lucas et al., 2003）。

11章 早産児・新生児の視覚環境

2 メラノプシンとロドプシン・コーンオプシンの発達はどちらが先か？

さて，この映像情報を担うロドプシン・コーンオプシンと明暗情報を担うメラノプシンの発達だが，メラノプシンの視覚システムが先に，ロドプシン・コーンオプシンの視覚システムが後に発達すると考えられている。たとえば，早産児として生まれた赤ちゃんは明暗情報を最初に認知し，その後映像情報を認知するしくみを発達させていく，と予想される。

(1) 遺伝子・蛋白質をマーカーとした光受容体の発達研究

分子生物学を使って，ヒト胎児網膜のメラノプシン・ロドプシン・コーンオプシン遺伝子の発現時期を遺伝子増幅法（RT-PCR法）で確かめた研究がある。研究グループによって若干のばらつきがあるが，メラノプシン遺伝子は胎生8-9週より，コーンオプシン・ロドプシン遺伝子は胎生14-16週よりヒト胎児の目に存在することが確認されている（Bibb et al., 2001；O'Brien et al., 2003；Tarttelin et al., 2003）。

これら遺伝子を設計図として，生体を実際にコントロールする蛋白質がつくられる。蛋白質の存在を免疫染色法（目的の蛋白に付着するように設計された抗体を使って蛋白を染色する方法）で確かめると，ロドプシン・コーンオプシン蛋白質はともに，胎生14-16週と遺伝子発現を認める同時期から存在することが確認された（ただ青に反応するコーンオプシン蛋白質は，免疫染色法では若干早く胎生11-13週に観察された）（O'Brien et al., 2003）。残念ながらヒト胎生期のメラノプシン蛋白質を確認した報告は現在のところない。また，ロドプシン蛋白質を網膜から化学的に抽出した研究では，妊娠27週齢の網膜では，ロドプシン蛋白質がほとんど検出されないのに対し，生後5週齢の乳児では大人の50％に相当するロドプシン蛋白質が検出されている（Fulton et al., 1999）。

しかし遺伝子・蛋白質の存在が確認されても，同じ時期にメラノプシン・ロドプシン・コーンオプシン蛋白質が実際にに機能しているとは限らない（蛋白質は生体のさまざまな条件が整わなければ働きはじめない）。光刺激（明暗情報）・映像刺激を実際に生体に与え，その結果引き起こされる網膜・脳の反応を何らかの生理・心理学的な指標を使って確かめる必要がある。

(2) メラノプシンはいつ働きはじめるのか？

　メラノプシン機能のスタート時期については，視覚システムがヒトに近いマントヒヒの早産児を対象に調べた研究がある（図11-3）。この研究では，ヒト早産児25−28週齢に相当するマントヒヒ早産児を帝王切開にて出生させた。夜の時間帯に暗闇の中で5,000ルクスという高いレベルの光を顔に当て（晴天時の室内窓際で自然光は1,000〜2,000ルクスの照度である），視交叉上核（生物時計）に光信号が到達しているかどうか，c-fos遺伝子の発現を調べ確認している。この実験では光によって視交叉上核における神経活動が高まるとc-fos遺伝子の発現も上昇する性質を利用している。実際，この光照射によって視交叉上核におけるc-fos遺伝子の発現が高まり，ヒト胎児期25−28週に明暗情報が脳に伝達されると推測された（Hao & Rivkees, 1999）。この結果から，早産児でもメラノプシンを含む網膜の節細胞が働き，視神経を通し視交叉上核に明暗情報を送ると考えてよさそうである。

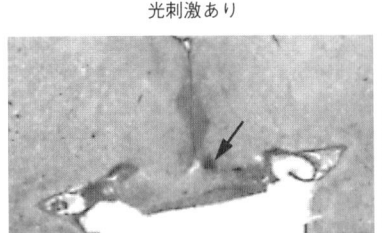

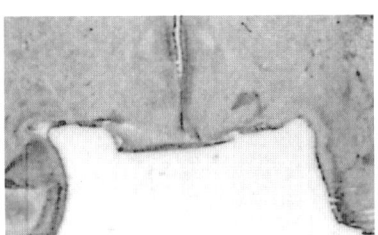

図11-3　光刺激に対するマントヒヒ早産児の生物時計の反応（Hao & Rivkees, 1999）
妊娠125日（ヒト妊娠25−28週齢相当）のマントヒヒ早産児の視床下部（冠状断面）。矢印は視交叉上核を示す。夜間の光刺激（5000ルクス）でc-fos遺伝子の発現が上昇し，光刺激のない個体に比べ同じ部位が黒く染まっている（左写真は光刺激あり。右写真は光刺激なし）。

(3) ロドプシン・コーンオプシンはいつ働きはじめるのか？

　一方，映像情報を捕まえるロドプシン・コーンオプシン機能の開始時期を確かめた研究として，心理・電気生理の2つのアプローチが報告されている。
　心理学的アプローチの例として，顔の表情を新生児が見分けることを確かめた研究がある。フィールド（Field et al., 1983）は，生後36時間の新生児に対

11章 早産児・新生児の視覚環境

し，女性の顔をモデルとした幸福・悲しみ・驚きの各表情刺激を提示した。この実験では，表情刺激のタイプが変化した時点で，新しい表情刺激に対する新生児の注視時間が増加し，新生児が表情の違いを識別することが明らかになった（この方法は，赤ちゃんが目の前に提示された対象物を注視する時間の違いから，視覚機能を明らかにしようとする方法で選好注視法とよばれる）。同様の選好注視法によって，生後48時間以内の新生児が，無地の対象よりも，顔や同心円の描かれた対象をより長く見つめることが確かめられている（Fantz, 1963）。この結果は新生児が網膜のロドプシンあるいはコーンオプシンから映像情報を取り込み，すでに表情認識を行なっている可能性を示している。

一方，電気生理学的アプローチとして，光刺激に対する網膜電位（Electroretinogram；ERG）を各発達段階で確かめた研究がある（図11-4）。視神経の萎縮によって網膜内側の節細胞（メラノプシンが存在）が失われた状態でも，正常網膜と同様のERGが記録できることから，ERGの情報はおもにロドプシン・コーンオプシンが存在する網膜外側の組織に基づいていると推測される（van Boemel & Ogden, 2001）。このERGに着目すると，妊娠36週齢相

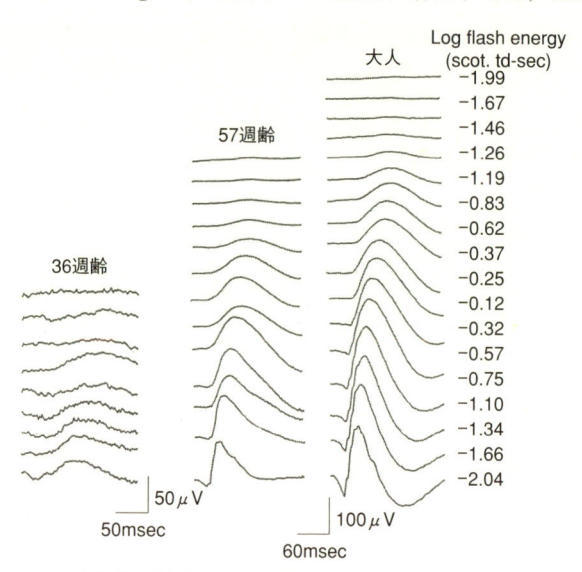

図11-4 光刺激に対するヒト網膜電位の発達 (Hood et al., 1993)
光の強さは下段から上段に向かい小さくなっている。最も強い光刺激（最下段）でヒト早産児（妊娠36週齢）の網膜電位は成人の1/10以下。

当の早産児で観察されるb波の反応は大人の1/10以下であることが確認されている。その後生後6か月の時点で光刺激に対し大人と同じ振幅のERGの反応が認められる（Hood et al., 1993）。

以上の心理・電気生理学の研究から，赤ちゃんの映像を処理するロドプシン・コーンオプシンの機能は少なくとも生後1～2日から機能していると予想され，妊娠36週齢相当以前の早産児では，ロドプシン・コーンオプシンの機能が未熟で，うまく働いていない可能性がある（ただし，選好注視法を用いた妊娠36週前後の早産児が反応し，満期出産児の半分の視力があったとする報告もある（Morante et al., 1982））。

新生児の視力は生後1週間以内では0.03～0.13（スネレン（Snellen）値20/670～20/150）（Gorman et al., 1957；Dayton et al., 1964）と低く，1.0（スネレン値20/20）の視力になるのは早くとも6か月以降で（Marg et al., 1976；Sokol & Moskowitz, 1985），5歳頃までに大人と同等の視覚機能に到達する（Mayer & Dobson, 1980, 1982；Birch et al., 1983）。また，新生児は軽度の遠視・乱視を伴うことが多く，コントラストの識別についても，新生児のコントラスト感度は大人の5～10％に過ぎない（Atkinson, 2000；Banks & Shannon, 1993）。加えて，新生児は色の識別が不完全で白黒の世界に住んでいて，緑・赤の区別が可能となるのは生後2か月頃からである（Teller & Lindsey, 1993；Brown, 1990；Teller, 1997）。この色識別の発達過程から，色識別に重要なコーンオプシンの成熟にはさらに時間がかかることがわかる（詳細は1章参照）。

（4）ノック・アウトマウスを使った光受容体の発達研究

メラノプシンがロドプシン・コーンオプシンより早く発達することを直接証明した研究がある。ヒトとは動物種が異なるが，メラノプシン遺伝子を遺伝子操作により取り除いたマウス（ノックアウト・マウス）の研究である。

マウスでも，メラノプシン遺伝子がロドプシン・コーンオプシン遺伝子の発現より先行する。メラノプシンの遺伝子発現は胎生10日より（Cepko et al., 1996；Young et al., 1985），青色感知コーンオプシンの発現は胎生15日より（Fei, 2003），ロドプシンの遺伝子は生後6日より（Fei, 2003；Bibb et al., 2001），

赤-緑色を感知するコーンオプシンの遺伝子は生後8日より（Bibb et al., 2001）認められる。マントヒヒ早産児と同じように，マウス新生児に光刺激を与えた実験では，生後0日より視交叉上核（生物時計）におけるc-fos遺伝子の発現が上昇し，マウスでは出生日より明暗情報が脳に伝達することが明らかになっている（Leard et al., 1994；Weaver & Reppert, 1995；Hannibal & Fahrenkrug, 2004）。

ところが，メラノプシン遺伝子を取り除いたノックアウト・マウスでは，光刺激に対する視交叉上核のc-fos遺伝子発現の上昇は，生後15日まで確認できず，明暗情報の伝達が2週間遅れることが明らかになった（Sekaran et al., 2005）。生後2週間という時期はマウスのロドプシン・コーンオプシン機能が成熟する時期である。この結果から，マウスにおいては生後2週間まで脳への光伝達はメラノプシンのみが，生後2週間以降の光伝達には，ロドプシン・コーンオプシンが加わり処理されると推測される。

3 新生児期における知覚・認知システムにおける新しい仮説：メラノプシン視覚システムの関与

未成熟な視覚機能にもかかわらず，生後1か月未満の新生児は周囲を取り巻く視覚環境によく反応している。実際，生後数日の赤ちゃんに接すると，時にはこちらの顔をよく見て，移動する顔の動きに合わせ，その小さな瞳を動かす場面に遭遇する。

この首を回転させながら大人の顔をとらえる追視行動だが，新生児の顔の正面で物体を動かすと，左右の振れが20〜30度の範囲（Salapatek, 1975），奥行きが75cmの範囲で追視することがわかる（Braddick et al., 1979）。また，新生児は顔の形に似たパターンを好み（Goren et al., 1975；Johnson et al., 1991），さらに見知らぬ顔よりも周囲の顔見知りの顔を好むことも確かめられている（Bushnell et al., 1989）。ところが，この顔認識の能力も完全ではなく，大人の髪型が変わってしまうだけで，同じ人物だと判断できなくなってしまう。これは新生児の顔認識の一般原則が対象物の輪郭の知覚に基づき，目・鼻・口といった顔の内部の特徴の知覚が十分でないために起こる現象である（Bushnell, 1982；Milewski, 1976）。ただこのルールには例外があり，顔の内部に舌を突き

出したり，口を開閉する動きを加えると，顔の内部の特徴にも新生児は注意を向けることができる（Bushnell, 1979）。

　ここでひとつ問題提起をすると，これら新生児期に認められる視覚機能が，明暗情報を処理するメラノプシンを基礎としたシステムで処理されている可能性がある，ということである。動きに敏感な新生児期の視覚特性は，動きに伴って生じる背景の明暗情報の変化を知覚しているだけかもしれない。また，顔認識のルールが顔の輪郭の知覚になっている点も，顔とバックグランウンドの明暗コントラストで知覚処理が行なわれている可能性がある。しかし，新生児期の視覚機能がメラノプシンだけで構成される仮説を否定する例として，顔の中の動き（舌の突き出し，口の開閉）を新生児が真似る現象がある（Meltzoff & Moore, 1977）。新生児がメラノプシン機能のみを使い，影のコントラストから，舌・口といった顔の中のパーツの動きを認知することはむずかしく思える。以上のように考えると，メラノプシンが新生児の知覚・認知にかかわっている可能性を否定できないが，加えて白黒識別がメインのロドプシン，あるいは未熟なコーンオプシンを介した映像処理が同時に機能している可能性がある。

4 メラノプシンは早産児の発達にどのように影響するのか

　早産児は少なくともメラノプシンを使って，明暗情報を脳で処理していると考えて良さそうだ。ヒト早産児の発達に与える光環境の影響を調べた代表的な研究として，明暗サイクルのある光環境と24時間明るい光環境（恒明環境ともよばれる）の2つの環境で体重増加を比較した研究がある。

　アメリカで行なわれた臨床研究では，明暗サイクルのある光環境で保育された早産児20名，恒明環境で保育された早産児21名が対象となった。その後の経過観察で，①体重増加，②ミルク投与が胃チューブから哺乳ビンに移行した時期，③核黄疸という神経症を予防するための光療法が必要だった期間，④人工呼吸器を使用した期間，といった点において明暗サイクルのある光環境で保育された早産児の方が，恒明環境の早産児より治療経過がよかったと報告されている（Miller et al., 1995）。同様の報告がイギリスからの臨床研究からも出ていて，明暗サイクルのある光環境で保育された早産児の方が，恒明環境の早産

11章 早産児・新生児の視覚環境

児に比べ，睡眠時間が長く，体重増加がよかったと報告されている（Mann et al., 1986）。現在でも日本の早産児・新生児室では，恒明環境を光環境として選択している施設が多いのが現状である。赤ちゃんの発達を考えると，臨床研究で綿密な光条件の比較を行なった上で，明暗サイクルのある光環境の導入を検討する必要があるかもしれない。

恒明環境が生物時計（視交叉上核）に与える影響を調べるために，マウス新生児を対象に私達が行なった実験によれば，新生児マウスの脳は，大人マウスの脳より光に対し感受性が高いことがわかっている（図11-5：カラー口絵参照）。出生当日より24時間明るい環境（恒明環境）に3週間おかれた新生児マウスの生物時計は全例で不安定になり，明暗サイクルが存在する光環境では存在しない時計遺伝子の発現パターンが観察された。これに対し，大人マウスの生物時計を不安定にさせるためには，4か月という長期間，恒明環境に暴露する必要があった。加えて，大人マウスの生物時計が不安定になる割合は全体の10％のみで，恒明環境に抵抗性がある（Ohta et al., 2005）。これは，新生児マウスの生物時計が恒明環境でほぼ100％不安定になるのに比べ対照的である（Ohta et al., 2006）。

この新生児期の光感受性の高さは，光刺激に対するメラノプシン反応の発達経過（マウス）にも観察される。生後0-5日にかけて，メラノプシンを含有する網膜節細胞の数は増加し，その後しだいに大人レベルの密度に細胞数が減少する。また，光刺激に対する節細胞の反応をカルシウムイオン濃度の変化で評価した実験でも，生後0日の方が生後5日に比べ，反応性が高いことが示されている（Sekaran et al. 2005）。

新生児期の高い光感受性は，太陽光にコントロールされた出生直後からの明暗サイクルに体の生理メカニズムのリズムを同調させるという意味で，非常に重要な役割を担っているように思える。しかし，一方で光刺激に対する過度の暴露は，その高い感受性のために，新生児の発達に不利益な効果を与える可能性も残している。たとえば前述したように，恒明環境に暴露された早産児の体重増加が，明暗サイクルのある光環境で保育された早産児より悪いことが報告されている（Mann et al., 1986；Miller et al., 1995）。また，新生児突然死症候群は出生時体重1,000g以下の早産児で起こりやすく，光環境も含め保育器内の

不適切な人工環境が症候群の原因となっている可能性がある（Malloy & Hoffman, 1995）。

5 早産児・新生児の視覚研究が追求するテーマとして重要なものは何か？

　生後の視覚環境は，体の成長スピードを決めるという生物学的な意味だけでなく，養育者の顔認識，それに続く母子間コミュニケーションという社会心理的な意味からも，発達初期の赤ちゃんの生存にとって重要な意味をもつ。赤ちゃんの視知覚の発達が，明暗情報の処理（メラノプシン）から始まり，形・色を認識する映像情報の処理（ロドプシン・コーンオプシン）に移行していくことがわかった。しかし，その発達スピードは緩やかで，映像情報の処理に辿りつくのに生後5か月かかる。特に早産児では，明暗情報の処理を行なうメラノプシンのみが発達初期に働いている可能性が高く，早産児がもつ視知覚の限界をサポートすることが，赤ちゃんの健やかな成長を達成するために重要だ。

　早産児・新生児の成長を補助するという視点から，以下の3つが，赤ちゃんの視覚環境を考える上で重要なテーマである。

①早産児・新生児の発達と光環境の関係を明らかにすること：現在の知見では，メラノプシンを基礎とした生物時計は，ホルモン・神経伝達を介し，生後の光情報を体全体に伝達可能な唯一のメカニズムである。過去の臨床研究で指摘されたように，光環境は赤ちゃんの体重増加といった生後発達に影響する。このメカニズムを心理学・生物学・医学を通し明らかにし，赤ちゃんにとって最適な生後の視覚環境を見つけることが重要である。生物学（特に分子生物学）の弱点は，その実験技術の性質上，ほ乳類では対象がマウス・ラットに限られることが多く，ヒト・サルを対象とすることは通常倫理的に許されていない。この生物学の弱点を心理学の手法で補い，生物学で得られたマウスの知見を，効率よくヒトにフィードバックできる可能性がある。

②早産児の赤ちゃんと母親との愛着形成をサポートする情報提供を行なうこと：早産児は，妊娠40週で生まれた満期出産児に比べ，映像情報を扱うロドプシン・コーンオプシンが未熟で，養育者の顔認識が満期出産児と異なると

推測される。そのため，出生直後は養育者の視覚的な働きかけに対し早産児の反応は乏しく，その数週間後に周囲の視覚環境により敏感に反応する時期がやってくる。早産児においては，虐待児症候群の発生率が満期出産児に比べ高く（Leventhal et al., 1989；Stanton et al., 1994；DiScala et al., 2000；Kivlin et al., 2000），その原因の1つとして養育者が赤ちゃんへの愛着をスムーズに形成できない点が指摘されている。発達過程についての事前の情報提供が，反応の乏しい早産児のお子さんに対するご両親の理解をうながし，その後の適切な母子関係を育成する手助けになる可能性がある。視覚発達の科学的な記載・根拠を提示することは，早産児をもつ養育者の愛着形成をサポートする上で重要である。

③赤ちゃんの視覚・認知メカニズムにおけるメラノプシンの役割を明らかにすること：過去の研究において，新生児期の視覚メカニズムがロドプシン（網膜桿体細胞）の機能を中心に考察されてきた。しかし，最近の視覚研究により，そのメカニズムの一部は明暗情報の処理を主体とするメラノプシン（網膜節細胞）の機能で処理されている可能性が出てきた。ロドプシン・メラノプシンの2つの光受容体を基礎に，これまでの早産児・新生児の視覚メカニズムをとらえ直すことにより，視覚・認知研究に新たな展開・理論構築が生まれる可能性がある。たとえば，「メラノプシンは早産児の視覚認知にどのようにかかわっているのか」「初期のメラノプシンを基礎とした明暗情報処理の発達が，その後のロドプシン・コーンオプシンを中心とした映像情報処理の発達に影響するのか」といった疑問は赤ちゃんの視覚発達を考える上で興味深いテーマである。

　　触覚・嗅覚・聴覚・味覚といった他の知覚に比べ，赤ちゃんの視覚機能は出生時に未熟なため，生後環境の影響をより受けやすいといえる。特に保育器という人工環境で生後数週間も管理される早産児にとって視覚環境の整備の意義は大きく，多分野にわたるアカデミックな視覚研究が赤ちゃんのより健全な発達に直接つながることだろう。

12章

乳児を対象とした脳機能計測

　赤ちゃんの脳活動を計測する手法として代表的なものに脳波（EEG）と近赤外分光法（NIRS）の2つがある。どちらも脳の活動を非侵襲に（痛みや害を加えずに）計測する手法であるが，EEGは脳の微弱な電気信号を検出するのに対し，NIRSは脳の局所的な脳血流を検出する。これらは機能的核磁気共鳴画像法（fMRI）や陽電子断層撮影法（PET）等の大規模な非侵襲脳計測装置と比べて，扱いが容易で被験者にも負担を強いない点が大きな利点である。これにより赤ちゃんへの適用も可能となっている。ここでは比較的新しい計測手法であり，近年幅広く利用されるようになってきたNIRSによる脳機能計測について説明する。

1 NIRSの原理

　NIRSでは，近赤外光（波長700～1,000nm）を頭皮上から照射してその透過光を検出することで，脳内の局所的な酸化ヘモグロビン（oxyHb）および脱酸化ヘモグロビン（deoxyHb）の相対的な変化量を測定する。oxyHbとdeoxyHbの和を総ヘモグロビン（totalHb）とよび，血流変化量を反映する指標として用いる場合もある。NIRSでは近赤外光の生体透過性が高いこと，およびoxyHbとdeoxyHbで吸光係数が異なることを利用して（図12-1），次の修正ビアーランバート法（modified Beer-Lambert law）を用いてoxyHbとdeoxyHbの算出を行なう。

12章 乳児を対象とした脳機能計測

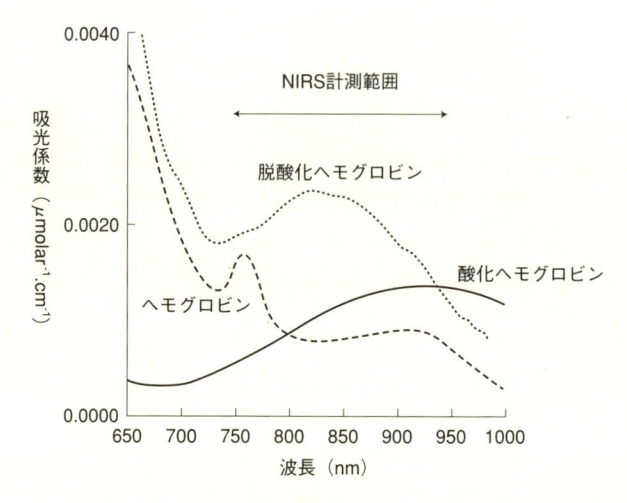

図12-1 吸光係数 (Delpy & Cope, 1997)

$$\Delta A = \varepsilon \cdot \Delta C \cdot L$$
$$L = DPF^* d$$

ただし，ΔAは検出光量の変化，εはモル吸光係数（μM-1・cm^{-1}），ΔCはoxyHbあるいはdeoxyHbの濃度変化（μM），Lは光路長（cm），すなわち近赤外光が頭皮上の照射プローブから照射され，脳内を通過して，再び頭皮上の検出プローブで検出されるまでに経由した距離である。光路長は，DPF（Differential Path-length Factor）とよばれる係数とプローブ間の距離d（cm）の積で表わされることも多い。DPFは通常の装置では計測不能であり（ただしTime-resolved NIRSとよばれる装置で測定可能である），被験者ごと，チャネルごとに異なることにも注意する必要がある。このため光路長を計測してΔCの絶対値を算出するよりも，光路長を含めたままのΔC・Lを測定結果として用いることが一般的である。この場合，値は絶対的な意味をもっていないが，Lをほぼ一定と仮定すれば，oxyHbないしdeoxyHbの相対的な変化量を表わす値として用いることができる。理論的には，異なる2波長の近赤外光を用いて計測すればoxyHbおよびdeoxyHbを算出できるが，測定の安定性を高めるために3つ以上の波長を用いて計測することもある。計測時間は単チャネル計測で十数ミリ秒程度である。

脳内では活動している脳領野において局所的な血流の増加が起こることが知られている。その結果，酸素を十分に含んだ血液が豊富に供給され，oxyHbとtotalHbの増加がみられる。この性質を利用して，被験者があるタスクを実行しているときに計測部位の脳血流が増加するかどうかを測定することによって，その脳部位がタスクの遂行に関与しているかどうかを調べることができる。たとえば指タッピングをしているときの運動野の活動を計測すると図12-2（カラー口絵参照）のような活動がみられる。安静時にはほとんど活動は見られないが，タッピングを始めると徐々にoxyHbとtotalHbの量が増加し，数秒後にピークに達する。deoxyHbは変化量は小さいが若干の減少がみられる。その後，タッピングをやめるとoxyHb, deoxyHb, totalHbともにベースライン付近に戻ってくる。このような局所的な信号変化は典型的な脳活動を示すものと考えられている。

2 10-20システム

NIRSを用いた脳機能計測では，プローブをどのように頭皮上に配置するかをまず決めなければならない。測定したい脳部位がわかっている場合には，その部位をはさむように照射プローブと検出プローブを配置する。照射プローブ

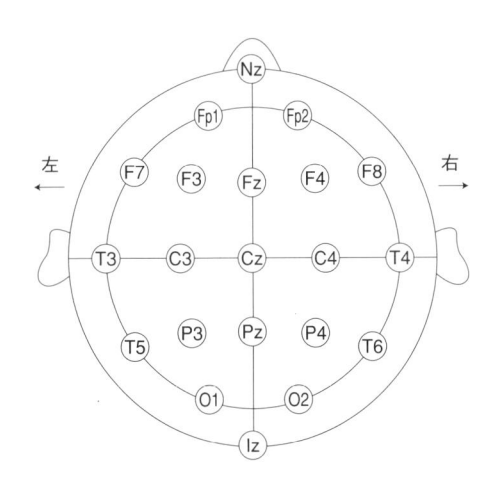

図12-3　10-20システム（Okamoto et al., 2004）

と検出プローブのペアをチャネルという。このときのプローブ間の距離は，成人では3 cm，乳児では2 cmを用いることが多い。測定点を増やしたい場合には，ホルダを用いてプローブを格子状に配置する（マルチチャネル計測）。

プローブを配置する際の頭皮上のランドマークとして10-20システムがよく用いられる（図12-3）。10-20システムは，もともとは脳波測定に用いられてきた頭表での位置を表わす座標系であったが，NIRSでも用いられるようになった。最近の岡本ら（Okamoto et al., 2004）による研究で，10-20システムの座標系とその直下にある脳領野との確率的な対応関係が明らかにされており，測定したい脳領野からそれに対応する10-20システムの座標を調べることができる。

3 実験デザイン

成人を対象とした脳機能計測実験でよく用いられる実験デザインにブロックデザインとイベントリレイテッド（ER）デザインがある。いずれの場合も，課題をくり返し被験者に行なわせ，その間に短い休息（レスト）をはさむ。ブロックデザインでは，課題をある程度の時間連続して行なわせる。これには，比較的長い（数～数十秒の）実験刺激（動画など）を呈示したり，比較的短い（～数秒程度）刺激を数回つづけて呈示する場合などが含まれる。ERデザインでは，比較的短い刺激を散発的に（レストをはさんで）呈示する。いずれの場合も，課題遂行時にレスト時に比べて大きな反応がみられるかどうかを調べる。そのためレストは活動がベースラインに戻る程度に十分長く取る必要がある。一般にレスト時間はタスク時間の1～2倍程度に設定することが望ましい。

赤ちゃんを対象とした脳機能計測では，成人を対象とした脳機能計測に比べて多少の工夫が必要となる。成人を対象とする場合には，言葉による被験者への指示が可能であり，刺激を注意深く観察してほしいとかある刺激が出たらすぐにボタンを押してほしいなどの教示を行なうことができる。しかしながら赤ちゃんに対して教示を行なうことはほぼ不可能であり，実験者ができるのは赤ちゃんが刺激に興味をもち続け，適切な反応が導き出されるように工夫をすることだけである。たとえば成人実験ではレスト時には「特に何もしない」よう

に教示することが多いが，赤ちゃんに何もしないように仕向けることは至難である。赤ちゃんは他の何かに気をそらしてしまうか，実験に飽きてむずがり出すか，どちらかであろう。そのため，「レスト」をどのように準備するかは特によく考える必要がある。1つの方法として，課題とは無関係かつ赤ちゃんが興味をもちそうな刺激を用意し，それをレスト時に提示することが考えられる。たとえば「顔」の視覚処理に関する脳活動を調べるために，レスト時に「果物」を提示するなどである（Otsuka et al., 2007）。この場合，得られたデータは課題と「レスト」ではなく，2つの「課題」における活動の違いを反映していることに注意しなければならない。

また実験時には赤ちゃんが刺激に注意を向けているかどうかをチェックする必要がある。たとえば刺激が視覚的なものであれば，赤ちゃんの刺激に対する注視時間を計測し，十分に妥当な時間を刺激を見ることに費やしていることを試行ごとに確かめる。もし十分に注視していないと判定された場合にはその試行は解析から除外する。また赤ちゃんは成人と異なり，実験中にじっとしているとは限らない。多少の体動であればNIRS計測に支障を与えないが，大きく動いてしまった場合にはデータにアーチファクト（測定ノイズ）が入る可能性が高い。そのため実験中の赤ちゃんのようすをビデオなどで観察し，体が大きく動いた場面ではNIRSデータの妥当性をチェックする必要がある。

4 データ解析

首尾よくデータを計測することができたら，次に解析を行なう。ただし前述のようにNIRSデータは一般に相対値で表わされるので，このままではチャネル間および被験者間での比較ができない。そこでこの問題点を解決するためにデータを標準化する解析手法がいくつか提案されている。ここではその代表的な手法であるEffect size解析とGLM解析の2つを紹介する。

(1) Effect Size解析

NIRSデータを解析するときにまず考えられるのは，タスク中のシグナル（oxy-Hb, deoxy-Hb, total-Hb）の平均値とレスト中のシグナルの平均値の差を

取ることである。これによってレスト時に比べてタスク時にシグナルが増えたか減ったかを議論することが可能になる。

しかしながら，通常のNIRS計測においては計測チャネルにおけるDPFが不明なので，シグナルは相対値でしか得られない。このため被験者間や同じ被験者でも異なるチャネル間では値を直接比較することができなくなってしまう。この問題に比較的簡便に対処するための手法がeffect size解析である（Schroeter et al., 2003）。

Effect sizeの考え方は，上述のタスク－レストの差分値をレスト中の変動幅で標準化するというものである。つまりシグナルがレスト中に変動する幅に比べて，タスク時にどれだけ大きく変化するかをその割合で表わす。ここで，レスト中の変動幅はその区間のシグナルのばらつき，すなわちその標準偏差を用いる。

$$\mathit{effect\ size} = \frac{タスク中の平均値 - レスト中の平均値}{レスト中の変動幅（標準偏差）}$$

実際には，タスク中の平均値を求める際に，実際のタスク区間の値を用いるのではなく，タスクのオンセットから数秒遅らせた区間を用いることが多い。これはシグナルがピークに到達するまでの時間を考慮したためであり，こうすることによってより大きなeffect sizeを得ることができる。乳児の場合にはピーク到達時間が成人より少し遅くなるという報告もある（Schroeter et al., 2004b）。逆に，タスク直後のレスト区間は，シグナルがベースラインへと戻る過程にあるので，レスト中の変動幅としてこの区間のデータを用いるのは望ましくない。シグナルが十分にベースラインへ戻った後（たとえばタスク直前の数秒間）のデータをレスト区間のデータとして用いるほうがよい。レスト時間が十分でない場合，すなわちシグナルがベースラインへおちつくだけの時間がない場合，上式の分母が大きくなってしまい，結果としてeffect sizeが小さくなることに留意すべきである。

またタスク区間の平均値を標準化するのではなく，同様の手法で時系列データをそのまま標準化する事例もいくつかみられる（Matsuda & Hiraki, 2006）。

(2) GLM解析

　上述のeffect size解析ではタスクないしレスト中のシグナルの平均値を用いるために，シグナルのもつ時系列情報が失われてしまうというデメリットがある。これではfMRI等に比べて高い時間分解能をもつNIRSのメリットを十分に活かしきれていないといえる。

　GLM解析は，シグナル変化の時系列パターンが予想された活動パターンと一致しているかどうかを判定する解析手法である（Schroeter et al., 2004a）。すなわちレスト中にはベースラインにあったシグナルが，タスク開始とともに上昇し，タスクの終了とともにベースラインへ戻っていくという時系列変化を示しているかを判定する。具体的には一般線形モデル（General Linear Model）を用いた回帰分析を行なうのだが（Friston et al., 1995），紙面の都合でここでは詳細は述べない。なお，GLM解析はfMRIデータ等の標準的な解析ソフトウェアとして知られているSPMでも用いられている。このため，fMRIデータとの比較をしやすくするために，最近ではGLM解析を用いたNIRS研究も増えてきている（Schroeter et al., 2004a, Shimada et al., 2005）。

(3) グループ解析

　Effect size解析およびGLM解析は，個人データの解析に用いられるが，一般にはグループ（複数被験者）として見たときにデータに有意差があるかどうかを調べることが多い。そこで多くの研究では個人データ解析の後にグループ解析を行なっている。

　もっともよく用いられるのは，個人データ解析で得られた統計値をランダム変数として扱う手法である。すなわち単一条件の実験であれば，統計値が有意に0よりも大きいかどうかをt-検定する（ランダムエフェクト解析）。条件数が増えれば，paird t-検定やANOVAを適用する。マルチチャネル計測の場合には多重比較の問題が生じるので，Bonferroni補正やFDR（Singh & Dan, 2006）を用いて補正する必要がある。

5 研究事例

　NIRSは赤ちゃんの脳活動を計測するための有用な装置であり，これを用いた研究が次々と発表されるようになってきた。特にEEGとは異なり，局所脳血流に関するデータを得ることができるので，成人の脳機能計測実験で主流となっているfMRIデータとの比較がしやすいことが大きなメリットといえる。すべての研究をここであげることはできないが，研究のイメージをもってもらうためにいくつかの事例を紹介しておきたい。

　多賀ら（Taga et al., 2003）は，2-4か月児の視覚野の活動をマルチチャネル計測し，点滅チェッカーボードを見ているときに脳活動が有意に増大することを報告している。この研究ではレスト時に輝度コントラストの低い顔に似たパターンの刺激を出し，赤ちゃんの興味を引き続ける工夫をしている（図12-4 上：カラー口絵参照）。ペナら（Pena et al., 2003）は，生後2-5日の新生児に言語刺激を聞かせたときの聴覚野の活動を調べた。その結果，左半球の聴覚野において，何も聞いていないときや言語を逆向きに再生したものを聞かせたときよりも言語を聞いているときに有意に大きな活動が見られた。成人では言語は左半球優位性が知られていたが，生まれたばかりの新生児でもそれが成り立つことがこの研究によって示された。

　また皆川ら（Minagawa-Kawai et al., 2007）は日本語に特有な音韻の聞き取りに関して，12か月以上の乳幼児で成人と同じような脳活動がみられることを示した。この研究では同じ音韻を20秒間聴き続けさせ乳児に馴化させる。続いてこの音韻と少し異なる音韻を混ぜた刺激を20秒間聞かせてそのときの側頭葉の活動を計測した。これは馴化—脱馴化法を脳機能計測に応用した実験デザインとなっている。これを3-4か月児，6-7か月児，10-11か月児，13-14か月児，25-28か月児を対象として計測を行ない，13-14か月児および25-28か月児で成人と同じような左半球優位な活動を観測した。

　嶋田と開（Shimada & Hiraki, 2006）は6-7か月の乳児が他者の運動を観察しているときの脳活動を計測した（図12-4 下：カラー口絵参照）。その結果，自ら運動をしているときと他者が運動しているのを見ているときの両方で1次運動野（10-20システムのC3周辺）が活動することを示した。このような脳活

動は成人やサルにおいてミラーシステムとして知られていたが，乳児でもこのような活動がみられることを示唆する結果といえる。この研究では，他者運動観察時の1次運動野の活動が赤ちゃん自身の運動によって引き起こされたのではないことを確認するために，赤ちゃんの身体の動きをビデオ撮影し，動きの大きかった試行を解析から除外している。また赤ちゃんが自ら運動しているときの活動を計測するために，赤ちゃんに自由に遊ばせるフェーズを設け，そのビデオ映像から静止→運動→静止というパターンになる部分を抽出し，対応するNIRSデータの解析を行なって一次運動野の活動を調べている。

このように成人実験と比べて労力や工夫を必要とする部分も多いが，NIRSはその自由度の高さからさまざまな実験パラダイムに応用できる可能性をもっているといえる。

6 終わりに

ここまで述べてきたようにNIRSは乳幼児の脳活動を測定するための有用なツールであり，今後の発達心理学・脳科学の発展に大きく貢献すると考えられる。乳幼児の認知発達と関連して脳活動がどのように変化していくのかに関する知見を蓄積していくことで，乳幼児，ひいては人間の情報処理メカニズムの本質へと近づけるはずであり，今後ますます研究が増えていくことを期待したい。

引用・参考文献

●1章

Allen, D., Banks, M. S., & Norcia, A. M. 1993 Does Chromatic Sensitivity Develop More Slowly than Luminance Sensitivity? *Vision research*, **33**(17), 2553-2562.

Chien, S. H. L., Palmer, J., & Teller, D. Y. 2003 Do 4-Month-Old Infants Follow Wallach's Ratio Rule? *Psychological Science*, **14**(4), 291-295.

Dannemiller, J. L. & Hanko, S. A. 1987 A Test of color constancy in 4-month-old Human Infants. *Journal of Experimental Child Psychology*, **44**, 255-267.

Dobkins, K. R., Anderson, C. M., & Kelly, J. 2001 Development of psychophysically-derived detection contours in L- and M- cone contrast space. *Vision research*, **41**, 1791-1807.

Hamer, R. D., Alexander, K., & Teller, D. Y. 1982 Rayleigh discriminations in young human infants. *Vision Research*, **22**, 575-587.

Knoblauch, K., Bieber, M. L., & Werner, J. S. 1998 M- and L- cones in early infancy: Ⅰ. VEP responses to receptor-isolating stimuli at 4- and 8-weeks of age. *Vision Research*, **38**, 1753-1764.

宮田 隆 1996 メスより劣るオスの視覚 眼が語る生物の進化 岩波科学ライブラリー Pp.59-65

Okamura,H., Kanazawa,S., & Yamaguchi,M.K. 2007 Development of chromatic induction in infancy. *Infant and Child Development*, **16**(6), 629-648.

Sugita, Y. 2004 Experience in early infancy is indispensable for color perception. *Current Biology*, **14**, 1267-1271.

Suttle, C. M., Banks, M. S., & Graf, E. W. 2002 FPL and sweep VEP to tritan stimuli in young human infants. *Vision research*, **42**, 2879-2891.

田中啓治 1996 視覚系の構造と機能 新編 感覚・知覚心理学ハンドブック 大山 正 今井省吾 和気典二（編） p.287.

Teller, D. Y. & Palmer, J. 1996 Infant Color Vision: Motion Nulls for Red/Green vs Luminance-modulated Stimuli in Infants and Adults. *Vision Research*, **36**(7), 955-974.

Teller, D. Y., Brooks, T. W., & Palmer, J. 1997 Infant Color Vision: Moving Tritan Stimuli do not Elicit Directionally Appropriate Eye Movements in 2-and 4-month-olds. *Vision Research*, **37**, 889-911.

Yamaguchi, M.K., Kanazawa, S., & Okamura, H. 2008 Infants' perception of subjective contours from apparent motion. *Infant Behavior and Development*, **31**, 127-136.

●2章

Bushnell, I. W. R. 1979 Modification of the externality effect in young infants. *Journal of Experimental Child Psychology*, **28**, 211-229

Farroni, T., Valenza E., & Simion F. 2000 Configural processing at birth: Evidence for perceptual organization. *Perception*, **29**, 355-372.

Fisher, C. B., Ferdinandsen, K., & Bornstein, M. H. 1981 The role of symmetry in infant form discrimination. *Child Development*, **52**, 457-462.

Gerhardstein, P., Kovacs, I., Ditre, J., & Feher, A. 2004 Detection of contour continuity and closure in three-month-olds. *Vision Research*, **4426**, 2981-2988.

Macchi Cassia, V., Simion, F., Milani, I., & Umilta, C. 2002 Dominance of global visual properties at birth. *Journal of Experimental Psychology: General*, **131**, 398-411.

Milewski, A. E. 1976 Infants' discrimination of internal and external pattern elements. *Journal of Experimental Child Psychology*, **22**, 229-246.

Navon, D. 1977 Forest before trees: The precedence of global features in visual perception. *Cognitive Psychology*, **9**, 353-383.

Navon, D. 1991 Testing a queue hypothesis for the processing of global and local information. *Journal of Experimental Psychology: General*, **120**, 173-189.

Quinn, P. C. & Bhatt, R. S. 2005 Learning perceptual organization in infancy. *Psychological Science*, **167**, 511-5.

Quinn, C., Brown, C. R., & Streppa, M. L. 1997 Perceptual organization of complex visual configurations by young infants. *Infant Behavior and Development*, **201**, 35-46.

Quinn, P. C., Slater, A. M., Brown, E., & Hayes. R. A. 2001 Developmental change in form categorization in early infancy. *British Journal of Developmental Psychology*, **19**, 207-218.

Rubin, E. 1915 *Synsoplevede Figurer*. Copenhagen: Glynden dalska.

Salapatek, P. 1975 Pattern perception in early infancy. In L.Cohen & P.Salapatek(Eds.), *Infant Perception: From Sensation to Cognition*. New York: Academic Press. Pp.133-248.

Slater, A., Mattock, A., Brown, E., & Bremner, J. G. 1991 Form perception at birth: Cohen and Younger 1984 revisited. *Journal of Experimantal Child Psychology*, **513**, 395-406.

Slater, A., Morison,V., & Rose,D. 1983 Perception of shape by the new-born baby. *British Journal of Developmental Psychology*, **1**, 135-142.

Turati, C., Simion, F., & Zanon, L. 2003 Newborns' perceptual categorization for closed and open geometric forms. *Infancy*, **4**, 309-325.

Wertheimer, M. 1923 Untersuchungen zur Lehre von der Gestalt, II. *Psychologishe Forshung*, **4**, 301-305.

● 3章

Bertenthal, B. I., Campos, J. J., & Haith, M. M. 1980 Development of visual organization: The perception of subjective contours. *Child Development*, **51**, 1072-1080.

Brigner, W. L. & Gallagher, M. B. 1974 Subjective contour: apparent depth or simultaneous brightness contrast? *Perceptual & Motor Skills*, **38**, 1047-1053.

Bushnell, I. W. R. 1979 Modification of the externality effect in young infants. *Journal of Experimental Child Psychology*, **28**, 211-229

Condry, K. F., Smith, W. C., & Spelke, E. S. 2001 Development of Perceptual Organization. In F. Lacerda, C. van Hofsten & M. Heimann (Eds.), *Emerging Cognitive Abilities in Early*

Infancy. Mahwah, NJ: Erlbaum. pp.1-28.

Csibra, G. 2001 Illusory contour figures are perceived as occluding surfaces by 8-month-old infants. *Developmental Science*, **4**, F7-F11.

Csibra, G., Davis, G., Spratling, M. W., & Johnson, M. H. 2000 Gamma oscillations and object processing in the infant brain. *Science*, **290**, 1582-1585

Curran, W., Braddick, O. J., Atkinson, J., Wattam-Bell, J., & Andrew, R. 1999 Development of illusory-contour perception in infants. *Perception*, **28**, 527-538.

Dumais, S. T. & Bradley. D. R. 1976 The effects of illumination level and retinal size on the apparent strength of subjective contours. *Perception & Psychophysics*, **19**, 339-345.

Ghim, H. -R. 1990 Evidence for perceptual organization in infants: perception of subjective contours by young infants. *Infant Behavior and Development*, **13**, 221-248

Grosof, D. H., Shapley, R. M., & Hawken, M. J. 1993 Macaque V1 neurons can signal illusory contours. *Nature*, **365**, 550-552.

Kanizsa, G. 1955 Margini quasi-percetti in campicon stimolazione omagenea [Quasi-perceptive contours in fields with homogeneous stimulation]. *Rivista di Psicologia*, **49**, 7-30.

Kanizsa, G. 1976 Subjective contours. *Scientific American*, **234**, 48-52.

Kavsek, M. J. 2002 The perception of static subjective contours in infancy. *Child Development*, **73**(2), 331-334.

Kavsek, M. & Yonas, A. 2006 The perception of moving subjective contours by 4-month-old infants. *Perception*, **35**(2), 215-27.

Kellman, P. J. & Spelke, E. S. 1983 Perception of partly occluded objects in infancy. *Cognitive Psychology*, **15**, 483-524.

Kennedy, J, M. & Lee, H. 1976 A figure-density hypothesis and illusory contour brightness. *Perception*, **5**, 387-392.

Liebmann, S. 1927 Uber das Verhalten farbiger Formen bei Helligkcitsglcichhcit von Figur und Grund. *Psychologische Forschung*, **9**, 300-353.

Mendola, J., Dale, A., Fischl, B., Liu, A., & Tootell, R. 1999 The representation of illusory and real contours in human cortical visual areas revealed by functional magnetic resonance imaging. *The Journal of Neuroscience*, **19**, 8560-8572.

長坂泰勇・長田佳久 1996 リスザルの悲感性的知覚（1） 第60回日本心理学会大会発表論文集, 560.

長坂泰勇・長田佳久 1997 リスザルの悲感性的知覚（2） 第61回日本心理学会大会発表論文集, 521.

長田佳久 1994 アカゲザルにおける主観的輪郭の知覚 第10回日本霊長類学会大会 霊長類研究, **10**, 162.

Otsuka, Y. & Yamaguchi, M. K. 2003 Infants' perception of illusory contours in static and moving figures. *Journal of Experimental Child Psychology*, **86**(3), 244-251.

Otsuka, Y., Kanazawa, S., & Yamaguchi, M. K. 2004 The effect of support ratio on infants' perception of illusory contours. *Perception*, **33**, 807-816.

Shapley, R. & Gordon, J. 1985 Nonlinearity in the perception of form. *Perception &*

Psychophysics, **37**, 84-88.
Sheth, B., Sharma, J., Rao, C., & Sur, M. 1996 Orientation maps of subjective contours in visual cortex. *Science*, **274**, 2110-2115.
Shipley, T. F. & Kellman, P. J. 1992 Strength of visual interpolation depends on the ratio of physically specified to total edge length. *Perception & Psychophysics*, **52**, 97-106.
Sireteanu, R. 2000 Texture segmentation, pop-out, and feature binding in infants and children. *Progress in Infancy Research*, **1**, 183-251.
Treiber, F. & Wilcox, S. 1980 Perception of a "subjective" contour by infants. *Child Development*, **51**, 915-917
Valenza, E. & Bulf, H. 2007 The role of kinetic information in newborns' perception of illusory contours. *Develomental Science*, **10**(4), 492-501.
von der Heydt, R. & Peterhans, E. 1989 Mechanisms of contour perception in monkey visual cortex: I. Lines of pattern discontinuity. *Journal of Neuroscience*, **9**, 1731-1748.
von der Heydt, R., Peterhans, E., & Baumgartner, G. 1984 Illusory contours and cortical neuron responses. *Science*, **224**, 1260-1262.

● 4章
Bower, T. G. R. 1967 Phenomenal identity and form perception in an infant. *Perception & Psychophysics*, **2**, 74-76.
Bravo, M., Blake, R., & Morrison, S. 1988 Cats see subjective contours. *Vision Research*, **28**, 861-865.
Bregman, A. L. 1981 Asking the "what for" question in auditory perception. In M. Kubovy, & J. R. Pomerantz (Eds), *Perceptual organization*. Pp99-118. Hillsdale, NJ: Lawrence Erlbaum.
Craton, L. G. 1996 The development of perceptual completion abilities: infants' perception of stationary, partially occluded objects. *Child Development*, **67**(3), 890-904.
Eizenman, D. R. & Bertenthal, B. I. 1998 Infant's perception of unity in translating and rotating displays. *Developmental Psychology*, **34**, 426-434
Grosof, D. H., Shapley, R. M., & Hawken, M, J. 1993 Macaque V1 neurons can signal illusory contours. *Nature*, **365**, 550-552.
Jusczyk, P. W., Johnson, S. P., Spelke, E. S., & Kennedy, L. J. 1999 Synchronous change and perception of object unity: Evidence from adults and infants. *Cognition*, **71**, 257-288.
Johnson, S. P. & Aslin, R. N. 1995 Perception of object unity in 2-month-old infants. *Developmental Psychology*, **31**, 739-745.
Johnson, S. P., Bremner, J. G., Slater, A., & Mason, U. 2000 The role of good form in young infants' perception of partly occluded objects. *Journal of Experimental Child Psychology*, **76**, 1-25.
Kanizsa, G. 1979 *Organization in vision: Essays on Gestalt perception*. New York: Praeger. 野口薫（監訳） 1985 視覚の文法：ゲシュタルト知覚論　サイエンス社
Kawabata, H., Gyoba, J., Inoue, H., & Ohtsubo, H. 1999 Visual completion of partly occluded grating in infants under 1 month of age. *Vision Research*, **39**(21), 3586-3591.

Kellman, P. J. & Shipley, T. F. 1991 A theory of visual interpolation in object perception. *Cognitive Psychology*, **23**, 141-221.

Kellman, P. J. & Spelke, E. S. 1983 Perception of pertly occluded objects in infancy. *Cognitive Psychology*, **15**, 483-524.

Kellman, P. J. & Spelke, E. S., & Short KR. 1986 Infant perception of object unity from translatory motion in depth and vertical translation. *Child Development*, **57**(1), 72-86.

Kellman, P. J., Yin, C., & Shipley, T. F. 1998 A common mechanism for illusory and occluded object completion. *Journal of Experimental Psychology: Human Perception and Performance*, **24**, 859-869.

Michotte, A., Thines, G, & Crabbe, G. 1964 *Les complements amodaux des structures perceptives*. Louvain: Publications Universi- taires de Louvain.

Nakayama, K. & Shimojo, S. 1990 Experiencing and perceiving surfaces. *Science*, **257**, 1357-1363.

Nakayama, K., Shimojo, S., Silverman, G. H. 1989 Stereoscopic depth: its objects. *Perception*, **18**, 55-68.

Osada, Y. & Schiler, P, H. 1994 Can monkeys see objects under conditions of transparency and occlusion? *Investigative Ophthalmogy and Visual Science*, **35**(Supplement), 1664.

Otsuka, Y., Kanazawa, S., & Yamaguchi, M. K. 2006 Development of modal and amodal completion in infants. *Perception*, **35**(9), 1251-1264.

Piaget, J. 1954 *The Construction of Reality in the Child*. (Margaret Cook, Transl.). New York: Basic Books.

Sato, S., Kanazawa, S., & Fujita, K. 1997 Perception of object unity in a chimpanzee (Pan troglodytes). *Japanese Psychological Research*, **39**, 191-199.

Slater, A., Morison, V., Somers, M., Mattock, A., Brown, E., & Taylor, D. 1990 Newborn and older infants' perception of partly occluded objects. *Infant Behavior and Development*, **13**, 33-49.

Slater, A., Johnson, S. P., Brown, E., & Badenoch, M. 1996 Newborn infants' perception of partly occluded objects. *Infant Behavior and Development*, **19**, 145-148.

Termine, N., Hrynick, T., Kestenbaum, R., Gleitman, H., & Spelke, E. S. 1987 Perceptual completion of surfaces in infancy. *Journal of Experimental Psychology: Human Perception and Performance*, **13**, 524-532.

Valenza, E., Leo, I., Gava, L., & Simion, F. 2006 Perceptual completion in newborn human infants. *Child Development*, **77**(6), 1810-1821.

● 5章

Acredolo, L. 1978 Development of spatial orientation in infancy. *Developmental Psychology*, **14**, 224-234.

Acredolo, L. 1979 Laboratory versus home: The effect of environment on the 9-month-old infant's choice of spatial reference system. *Developmental Psychology*, **15**, 666-667.

Bremner, J. G. 1978 Egocentric versus allocentric spatial coding in 9-month-old infants: Factors influencing the choice of code. *Developmental Psychology*, **11**, 346-355.

Bremner, J. G. & Bryant, P. E. 1977 Place versus response as the basis of spatial errors made by young infants. *Journal of Experimental Child Psychology*, **23**, 162-171.

Bremner, A. J., Bryant, P. E., & Mareschal, D. 2006 Object-centred spatial reference in 4-month-old infants. *Infant Behavior and Development*, **29**, 1-10.

Fantz, R. L. 1964 Visual experience in infants: Decreased attention to familiar patterns relative to novel ones. *Science*, **164**, 668-670.

Howard, I. 1982 *Human visual orientation*. New York: Wiley.

Jouen, F. 1985 The influence of body position on perception of orientations in infants. *Behavioural Brain Research*, **15**, 241-245.

Kaufman, J. & Needham, A. 1999 Objective spatial coding in 6. 5-month-old infants in a visual dishabituation task. *Developmental Science*, **2**, 432-441.

Keating, M. B., McKenzie, B. E., & Day, R. H. 1986 Spatial localization in infancy: position constancy in square and circular room with and without a landmark. *Child Development*, **57**, 115-124.

Landau, B. & Spelke, E. 1988 Geometric complexity and object search in infancy. *Developmental Psychology*, **24**, 512-521.

Leehey, S., Moskowitz-Cook, A., Brill, S., & Held, R. 1975 Orientational anisotropy in infant vision. *Science*, **190**, 900-902.

McKenzie, B. E. 1987 The development of spatial orientation in human infancy: What changes? In B. E. McKenzie & R. H. Day (Eds.), *Perceptual development in infancy: Problems and issues*. Hillsdale, NJ: Lawrence Erlbaum Associates. Pp.125-141.

Piaget, J. 1954 *The construction of reality in the child*. London, UK: Routledge & Kegan-Paul (Originally published in French in 1937).

Presson, C. C. & Ihrig, L. H. 1982 Using mother as a spatial landmark: evidence against egocentric coding in infancy. *Developmental Psychology*, **18**, 699-703.

Tsuruhara, A., Kanazawa, S., & Yamaguchi, M. K. 2007 Perception of orientation with an oblique and upright frame in infancy. *Perception*, **36**, 42.

● 6章

Arterberry, M. E. & Yonas, A. 2000 Perception of three-dimensional shape specified by optic flow by 8-week-old infants. *Perception & Psychophysics*, **62**, 550-556.

Arterberry, M., Yonas, A., & Bensen, A. S. 1989 Self-produced locomotion and the development of responsiveness to linear perspective and texture gradients. *Developmental Psychology*, **25**, 976-982.

Atkinson, J. 2000 *The Developing Visual Brain*. Oxford Psychology Series No.32. Oxford University Press.

Ball, W. A., Ballot, R., & Dibble, A. 1983 Stimulus dimensionality and infants' perceived movement in depth. *The Journal of Genetic Psychology*, **143**, 193-200.

Ball, W. & Tronick, E. 1971 Infant responses to impending collision: optical and real. *Science*,

171, 818-820.
Banton, T. & Bertenthal, B. I. 1997 Multiple developmental pathways for motion processing. *Optometry and Vision Science*, **74**, 751-760.
Bertin, E. & Bhatt, R. S. 2006 Three-month-olds' sensitivity to orientation cues in the three-dimensional depth plane. *Journal of Experimental Child Psychology*, **93**, 45-62.
Bhatt, R. S. & Waters, S. E. 1998 Perception of three-dimensional cues in early infancy. *Journal of Experimental Child Psychology*, **70**, 207-224.
Birch, E. E., Gwiazda, J., & Held, R. 1982 Stereoacuity development for crossed and uncrossed disparities in human infants. *Vision Research*, **22**, 507-513.
Bower, T. G. R., Broughton, J. M., & Moore, M. K. 1970 Infant response to approaching objects: An indicator of response to distal variables. *Perception & Psychophysics*, **9**, 193-196.
Braddick, O. 1996 Binocularity in infancy. *Eye*, **10**, 182-188.
Braddick, O., Atkinson, J., Julesz, B., Kropfl, W., Bodis-Wollner, I., & Raab, E. 1980 Cortical binocularity in infants. *Nature*, **27**, 363-365.
Gibson, E. J. & Walk, R. D. 1960 The "visual cliff." *Scientific American*, **202**, 67-71.
Granrud, C. E. & Yonas, A. 1984 Infants' perception of pictorially specified interposition. *Journal of Experimental Child Psychology*, **37**, 500-511.
Granrud, C. E., Yonas, A., & Opland, E. A. 1985 Infants' sensitivity to the depth cue of shading. *Perception & Psychophysics*, **37**, 415-419.
Imura, T., Yamaguchi, M. K., Kanazawa, S., Shirai, N., Otsuka, Y., Tomonaga, M., & Yagi, A. 2006 Perception of motion trajectory of object from the moving cast shadow in infants. *Vision Research*, **46**, 652-657.
Kanazawa, S., Shirai N., Otsuka, Y., & Yamaguchi, M. K. 2006 Perception of opposite-moving dots in 3- to 5-month-old infants. *Vision Research*, **46**, 346-356.
Kanazawa, S., Shirai N., Otsuka, Y., & Yamaguchi, M. K. 2007 Perception of motion transparency in 5-month-old infants. *Perception*, **36**, 145-156.
King, S. M., Dykeman, C., Redgrave, P., & Dean, P. 1992 Use of a distracting task to obtain defensive head movements to looming visual stimuli by human adults in a laboratory setting. *Perception*, **21**, 245-259.
Nanez, J. E. Sr. 1988 Perception of impending collision in 3-to 6-week-old human infants. *Infant Behavior and Development*, **11**, 447-463.
Shirai, N., Kanazawa, S., & Yamaguchi, M. K. 2004a Asymmetry for the perception of expansion/contraction in infancy. *Infant Behavior and Development*, **27**, 315-322.
Shirai, N., Kanazawa, S., & Yamaguchi, M. K. 2004b Sensitivity to linear-speed-gradient of radial expansion flow in infancy. *Vision Research*, **44**, 3111-3118.
Shirai, N., Kanazawa, S., & Yamaguchi, M. K. 2006 Anisotropic motion coherence sensitivities to expansion/contraction motion in early infancy. *Infant Behavior and Development*, **29**, 204-209.
Shirai N., Kanazawa, S., & Yamaguchi, M. K. (in press) Early development of sensitivity to radial motion at different speeds. *Experimental Brain Research*.

Yonas, A. & Granrud, C. E. 2006 Infants' perception of depth from cast shadows. *Perception & Psychophysics*, **68**, 154-160.

Yonas, A., Granrud, C. E., & Pettersen, L. 1985 Infants' sensitivity to relative size information for distance. *Developmental Psychology*, **21**, 161-167.

Yonas, A., Pettersen, L., & Lockman, J. J. 1979 Young infant's sensitivity to optical information for collision. *Canadian Journal of Psychology*, **33**, 268-276.

● 7 章

Bentin, S., Allison, T., Puce, A., Perez, E., & McCarthy, G. 1996 Electrophysiological studies of face perception in humans. *Journal of Cognitive Neuroscience*, **8**, 551-565.

Bertin, E. & Bhatt, R. S. 2004 The Thatcher illusion and face processing in infancy. *Developmental Science*, **7**, 431-436.

Biringen, Z. C. 1987 Infant attention to facial expressions and facial motion. *Journal of Genetic Psychology*, **148**, 127-133.

Bruce, V., Valentine, T., & Baddeley, A. 1987 The basis of the 3/4 view advantage in face recognition. *Applied Cognitive Psychology*, **1**, 109-120.

Bushnell, I. W. R. 1982 Discrimination of faces by young infants. *Journal of Experimental Child Psychology*, **33**, 298-308.

Cohen, L. B. & Cashon, C. H. 2001 Do 7-month-old infants process independent features or facial configurations? *Infant and Child Development*, **10**, 83-92.

Csibra, G., Henty, J., Volein, A., Elwell, C., Tucker, L., Meek, J., & Johnson, M. H. 2004 Near infrared spectroscopy reveals neural activation during face perception in infants and adults. *Journal of Pediatric Neurology*, **2**, 85-89.

de Haan, M. & Nelson, C. A. 1999 Brain activity differentiates face and object processing in 6-month-old infants. *Developmental Psychology*, **35**, 1113-1121.

de Haan, M., Pascalis, O., & Johnson, M. H. 2002 Specialization of neural mechanisms underlying face recognition in human infants. *Journal of Cognitive Neuroscience*, **14**, 199-209.

de Schonen, S. & Mathivet, E. 1990 Hemispheric asymmetry in a face discrimination task in infants. *Child Development*, **61**, 1192-1205.

Diamond, R. & Carey, S. 1986 Why faces are and are not special: An effect of expertise. *Journal of Experimental Psychology: General*, **115**, 107-117.

遠藤光男 1995 倒立顔の認識 心理学評論, **38**, 539-562.

Fagan, J. F. 1972 Infants' recognition memory for faces. *Journal of Experiment Child Psychology*, **14**, 453-476.

Fagan, J. F. 1976 Infants' recognition of invariant features of faces. *Child Development*, **47**, 627-638.

Fantz, R. L. 1961 The origin of form perception. *Scientifice American*, **204**, 66-72.

Farah, M. J., Levinson, K. L., & Klein, K. L. 1995 Face perception and within-category discrimination in prosopagnosia. *Neuropsychologia*, **33**, 661-674.

Halit, H., de Haan, M., & Johnson, M. H. 2003 Cortical specialisation for face processing: face-sensitive event-related potential components in 3- and 12-month-old infants. *Neuroimage*, **19**, 1180-1193.
Johnson, M. H., Dziurawic, S., Bartrip, J., & Morton, J. 1992 The effect of movement of internal feature on infants' preferences for face-like stimuli. *Infant Behavior and Development*, **15**, 129-136.
Kanwisher, N., McDermott, J., & Chun, M. M. 1997 The fusiform face area: a module in human extrastriate cortex specialized for face perception. *Journal of Neuroscience*, **17**, 4302-4311.
Kaufmann, R. & Kaufmann, F. 1980 The face schema in 3- and 4-month-old infants: The role of dynamic properties of the face. *Infant Behavior and Development*, **3**, 331-339.
Leder, H. & Bruce, V. 2000 When inverted faces are recognised: the role of. configural information in face recognition. Quarterly Journal of Experimental. *Psychology*, **53A**, 513-536.
Maurer, D. & Salapatek, P. 1976 Developmental changes in the scanning of faces by young infants. *Child Development*, **47**, 523-527.
McCarthy, G., Puce, A., Belger, A., & Allison, T. 1999 Electrophysiological Studies of Human Face Perception.II: Response Properties of Face-specific Potentials Generated in Occipitotemporal Cortex. *Cerebral Cortex*, **9**, 431-444.
McCarthy, G., Puce, A., Gore J. C., & Allison, T. 1997 Face-Specific Processing in the Human Fusiform Gyrus. *Journal of Cognitive Neuroscience*, **9**, 605-610.
Morton, J. & Johnson, M. H. 1991 CONSPEC and CONLEARN: A two-process theory of infant face recognition. *Psychological Review*, **98**, 164-181.
Nakato, E., Kanazawa, S., & Yamaguchi, M. K. 2005 The effect of rotation information on infant's recognition of unfamiliar faces viewed from different viewpoints. *Perception*, **34** (supplement), 167.
Nakato, E., Otsuka, Y., Kanazawa, S., Yamaguchi, M. K., Watanabe, S., & Kakigi, R. 2008 When do infants differentiate profile face from frontal face? A near-infrared spectroscopic study. *Human Brain Mapping*.
Nelson, C. A., Moulson, M. C., & Richmond, J. 2006 How does neuroscience inform the study of cognitive development? *Human Development*, **49**, 260-272.
O'Toole, A. J., Roark, D., & Abdi, H. 2002 Recognizing moving faces: A psychological and neural synthesis. *Trends in Cognitive Sciences*, **6**, 261-266.
Otsuka, Y., Kanazawa, S., Yamaguchi, M. K., O'Toole, A. J., & Abdi, H. 2005 The Effect of Motion Information on Recognition of Unfamiliar Faces in 3- and 5-month-old Infants. *The Japanese Journal of Psychonomic Science*, **24**, 125-126.
Otsuka, Y., Nakato, E., Kanazawa, S., Yamaguchi, M. K., Watanabe, S., & Kakigi, R. 2007 Neural activation to upright and inverted faces in infants measured by near infrared spectroscopy. *NeuroImage*, **34**, 399-406.
Pascalis, O., de Schonen, S., de Haan, M., Nelson, C. A. 1998 Long-term recognition memory for faces assessed by visual paired comparison in 3- and 6-month-old infants. *Journal of*

experimental psychology: Learning, Memory, and Cognition, **24**, 249-260.

Pascalis, O., de Shonen, S., Moton, J., Deruelle, C., & Fare-Grenet, M. 1995 Mother's face recognition by neonates: A replication and extension. *Infant Behavior and Development*, **18**, 79-85.

Pike, G. E., Kemp, R. I., Towell, N. A., & Phillips, K. C. 1997 Recognizing moving faces: The relative contribution of motion and perspective view information. *Visual Cognition*, **4**, 409-437.

Rose, S. A., Jankowski, J. J., & Feldman, J. F. 2002 Speed of processing and face recognition at 7 and 12 months. *Infancy*, **3**, 435-455.

Rossion, B., Dricot, L., Devolder, A., Bodart, J. M., Crommelinck, M., de-Gelder, B., & Zoontjes, R. 2000 Hemispheric asymmetries for whole-based and part-based face processing in the human fusiform gyrus. *Journal of Cognitive Neuroscience*, **12**, 793-802.

Taga, G., Asakawa, K., Maki, A., Konishi, Y., & Koizumi, H. 2003 Brain imaging in awake infants by near-infrared optical topography. *Proceedings of the National Academy of Sciences of the United States of America*, **100**, 10722-10727.

Turati, C., Sangrigoli, S., Ruel, J., & de Schonen, S. 2004 Evidence of the face inversion effect in 4-month-old infants. *Infancy*, **6**, 275-297.

Valentine, T. 1988 Upside-down faces: a review of the effect of inversion upon face recognition. *British Journal of Psychology*, **79**, 471-491.

Yin, R. K. 1969 Looking at upside-down faces. *Jouranal of Experimental Psychology*, **81**, 141-145.

● 8章

Aronson, E. & Rosenbloom, S. 1971 Space perception in early infancy: Perception within a common auditory-visual space. *Science*, **172**, 1161-1163.

Bahrick, L. E. 1994 The development of infants' sensitivity to arbitrary intermodal relations. *Ecological Psychology*, **6**, 111-123.

Bahrick, L. E. 2001 Increasing specificity in perceptual development: Infants' detection of nested levels of multimodal stimulation. *Journal of Experimental Child Psychology*, **79**, 253-270.

Bahrick, L. E., Hernandez-Reif, M., & Flom, R. 2005 The development of infant learning about specific face-voice relations. *Developmental Psychology*, **41**, 541-552.

Bahrick, L. E., Netto, D., & Hernandez-Reif, M. 1998 Intermodal perception of adult and child faces and voices by infants. *Child Development*, **69**, 1263-1275.

Berkeley, G. 1709 *An essay towards a new theory of vision*. Dublin: Rhames.

Birch, H. G. & Lefford, A. 1963 Intersensory development in children. *Monographs of the Society for Research in Child Development*, **28**(5, Serial No.89).

Botuck, S., Harawitz, S., & Turkewitz, G. 1985 Levels of responding to intersensory stimulation in early infancy. In D.Tamir, A.Russel & T.B.Brazelton(Eds.), *Stimulation and intervention in infant development*. London: Freund. Pp.119-125.

Brookes, H., Slater, A., Quinn, P. C., Lewkowicz, D. J., Hayes, R., & Brown, E. 2001 Three-month-old infants learn arbitrary auditory-visual pairings between faces and voices. *Infant and Child Development*, **10**, 75-82.

Calvert, G. A., Spence, C., & Stein, B. E (Eds.) 2004 *The handbook of multisensory processing*. Cambridge, MA: MIT Press.

Cytowic, R. E. 1993 *The Man Who Tasted Shapes*. 山下篤子（訳）　共感覚者の驚くべき日常　2002　草思社

Damasio, A. R. 1989 Time-locked multiregional retroactivation: A systems-level proposal for the neural substrates of recall and recognition. *Cognition*, **33**, 25-62.

Davis, R. 1961 The fitness of names to drawings: a cross-cultural study in Tanganyika. *British Journal of Psychology*, **52**, 259-268.

Ernst, M. O. & Banks, M. S. 2002 Humans integrate visual and haptic information in a statistically optimal fashion. *Nature*, **415**, 429-433.

Evans, T. A., Howell, S., & Westergard, G. C. 2005 Auditory-visual cross-modal perception of communicative stimuli in tufted capuchin monkeys (Cebus apella). *Journal of Experimental Psychology: Animal Behavior Processes*, **31**(4), 399-406.

Ffytche D, H. & Zeki, S. 1996 Brain activity related to the perception of illusory contours. *NeuroImage*, **3**, 104-108.

Gibson, E. J. 1969 *Principles of perceptual learning and development*. New York: Appleton.

Gogate, L. J. & Bahrick, L. E. 1998 Intersensory redundancy facilitates learning of arbitrary relations between vowel sounds and objects in seven-month-old infants. *Journal of Experimental Child Psychology*, **69**, 1-17.

Gogate, L. J. & Bahrick, L. E. 2001 Intersensory redundancy and seven-month-old infants' memory for arbitrary syllable-object relations. *Infancy*, **2**, 219-231.

Gogate, L. J., Bahrick, L. E., & Watson, J. D. 2000 A study of multimodal motherese: The role of temporal synchrony between verbal labels and gestures. *Child Development*, **71**, 878-894.

Green, K. P., Kuhl, P. K., Meltzoff, A. N., & Stevens, E. B. 1991 Integrating speech information across talkers, gender, and sensory modality: Female faces and male voices in the McGurk effect. *Perception & Psychophysics*, **50**, 524-536.

Hashiya, K. 1999 Auditory-visual intermodal recognition of conspecifics by a chimpanzee (Pan troglodytes). *Primate Research*, **15**, 333-342.

Hashiya, K. & Kojima, S. 1997 Auditory-visual intermodal matching by a chimpanzee (Pan troglodytes). *Japanese Psychological Research*, **39**, 182-190.

Hashiya, K. & Kojima, S. 2001a Hearing and auditory-visual intermodal recognition in the chimpanzee. In T. Matsuzawa (Ed.), *Primate foundation of human cognition and behavior*. Tokyo: Springer Verlag. Pp.155-189.

Hashiya, K. & Kojima, S. 2001b Acquisition of auditory-visual intermodal matching-to-sample by a chimpanzee: comparison with visual-visual intramodal matching. *Animal Cognition*, **4**, 231-240.

Harrison, J. 2001 *Synaesthesia: The Strangest Thing*. Oxford University Press. 松尾香弥子（訳）　2006　共感覚—もっとも奇妙な知覚世界　新曜社

橋彌和秀・小林洋美・石川　悟・藤田和生・林　安紀子　2003　ヒトおよびニホンザル乳児における視聴覚情報に関する「初期知識」　松沢哲郎・友永雅己・田中正之（監）　チンパンジーの認知と行動の発達　京都学出版会　Pp.182-190.

Izumi, A, & Kojima, S. 2004 Matching vocalizations to facial gestures in a chimpanzee (Pan troglodytes). *Animal Cognition*, **7**(3), 179-184.

Jack, C. E. & Thurlow, W. R. 1973 Effects of degree of visual association and angle of displacement on the 'ventriloquism' effect. *Perceptual and Motor Skills*, **37**, 967-979.

James, W. 1901 *The Principles of Psychology*. London, Macmillan and Co.

Johnson, M. 1997 *Developmental cognitive neuroscience*. Oxford: Blackwell.

Jordan, K., Brannon, E., Logothetis, N., & Ghazanfar, A. 2005 Monkeys match the number of voices they hear to the number of faces they see. *Current Biology*, **15**(11), 1034-1038.

北川智利・和田有史・加藤正晴・市原　茂　2007　感覚間相互作用　大山　正・今井省吾・和気典二（編）　新編感覚知覚心理学ハンドブック Part 2　誠信書房

Kobayashi, T., Hiraki, K., & Hasegawa, T. 2005 Auditory-visual intermodal matching of small numerosities in 6-month-old infants. *Developmental Science*, **8**(5), 409-419.

Kojima, S. 2003 *A Search for the Origins of Human Speech*. Kyoto Univ. Academic Press.

Kojima, S., Izumi, A., Ceugniet, M. 2003 Identification of vocalizers by pant hoots, pant grunts and screams in a chimpanzee. *Primates*, **44**, 225-230.

Köhler, W. 1947 *Gestalt psychology*. 2nd ed. New York: Liveright Publishing.

Kuhl, P. K. 2000 A new view of language acquisition. *Proceedings of the National Academy of Science*, **97**, 11850-11857.

Kuhl, P. K. & Meltzoff, A. N. 1982 The bimodal perception of speech in infancy. *Science*, **218**, 1138-1141.

Kuhl, P. K. & Meltzoff, A. N. 1985 Speech as an intermodal object of perception. In A. Yonas(Ed), *Perceptual Development in infancy: The Minnesota Symposia on Child Psychology*, **20** (Minnesota Symposia on Child Psychology), LEA.

Lewkowicz, D. J. 2003 Learning and discrimination of audiovisual events in human infants: The hierarchical relation between intersensory temporal synchrony and rhythmic pattern cues. *Developmental Psychology*, **39**(5), 795-804.

Lewkowicz, D. J. & Ghazanfar, A. A. 2006 The decline of cross-species intersensory perception in human infants. *Proceedings of the National Academy of Sciences*, **103**, 6771-6774.

Maurer, D. & Mondloch, C. 2004 Neonatal synesthesia: A re-evaluation. In Y. Munakata & M. H. Johnson (Eds.), *Processes of Change in Brain and Cognitive Development Attention and Performance XXI*. Oxford University Press. Pp.193-213.

Maurer, D., Pathman, T., & Mondloch, C. J. 2006 The shape of boubas: sound-shape correspondences in toddlers and adults. *Developmental Science*, **9**(3), 316-322.

McGurk, H. & MacDonald, J. 1976 Hearing lips and seeing voices. *Nature*, **264**, 746-748.

Meltzoff, A. & Borton, W. 1979 Intermodal matching by human neonates. *Nature*, **282**, 403-404.

Molfese, D. L., Morse, P. A., & Peters, C. J. 1990 Auditory evoked responses to names for different objects: Cross-modal processing as a basis for infant language acquisition. *Developmental Psychology*, **26**(5), 780-795.

Morrongiello, B. A., Fenwick, K. D., & Chance, G. 1998 Cross modal learning in newborn infants: Inferences about properties of auditory-visual events. *Infant Behavior and Development*, **21**, 543-554.

Neil, P. A., Chee-Ruiter, C., Scheier, C., Lewkowicz, D. J., & Shimojo, S. 2006 Development of multisensory spatial integration and perception in humans. *Developmental Science*, **9**, 454-464.

Neville, H. J. 1995 Developmental specificity in neurocognitive development in humans. In M. Gazzaniga (Ed), *The Cognitive neurosciences*. Cambridge, MA: MIT Press. Pp.219-231.

Otsuka, Y., Kanazawa, S., & Yamaguchi, M. K. 2004 The effect of support ratio on infants' perception of illusory contours. *Perception*, **33**, 807-816.

Otsuka, Y. & Yamaguchi, M. K. 2003 Infants' perception of illusory contours in static and moving figures. *Journal of Experimental Child Psychology*, **86**(3), 244-251.

Pascalis, O., de Haan, M., & Nelson, C. A. 2002 Is Face Processing Species-Specific During the First Year of Life? *Science*, 17 May, **296**(5571), 1321-1323.

Patterson, M. L. & Werker, J. F. 2002 Infants' ability to match dynamic information in the face and voice. *Journal of Experimental Child Psychology*, **81**, 93-115.

Piaget, J. 1952 *The construction of reality in the child*. London: Routledge & Kegan Paul.

Pickens, J. & Bahrick, L. E. 1997 Do infants perceive invariant tempo and rhythm in auditoryvisual events? *Infant Behavior and Development*, **20**, 349-357.

Ramachandran, V. S. & Hubbard, E. M. 2001 Synaethesia: a window into perception, thought ans language. *Journal of Consciousness Studies*, **8**(12), 3-34.

Reardon, P. & Bushnell, E. W. 1988 Infants' sensitivity to arbitrary pairings of. color and taste. *Infant Behavior and Development*, **11**, 245?50.

Scheier, C., Lewkowicz, D. J., & Shimojo, S. 2003 Sound induces perceptual reorganization of an. ambiguous motion display in human infants. *Developmental Sciences*, **6**, 233-244.

Sekuler, R., Sekuler, A. B., & Lau, R. 1997 Sound alters visual motion perception. *Nature*, **385**, 308.

Shams, L., Kamitani, Y., & Shimojo, S. 2000 What you see is what you hear. *Nature*, **408**, 788.

Shams, L., Kamitani, Y., Thompson, S., & Shimojo, S. 2001 Sound alters visual evoked potentials in humans. *Neuroreport*, **12**(17), 3849-3852.

下條信輔　2006　まなざしの誕生—赤ちゃん学革命　新曜社

Shimojo, S. & Shams, L. 2001 Sensory modalities are not separate modalities: plasticity and interactions. *Current Opinion in Neurobiology*, **11**, 505-509.

Slater, A. 2003 Bouncing or streaming? A commentary on Scheier, Lekowicz & Shimojo. *Developmental Science*, **6**, 242.

Slater, A., Quinn, P. C., Brown, E., & Hayes, R. 1999 Intermodal perception at birth: Intersensory redundancy guides newborn infants' learning of arbitrary auditory-visual pairings. *Developmental Science*, **2**, 333-338.

Smith, L. B. & Katz, D. 1996 Activity-dependent processes in perceptual and cognitive development. In R.Gelman & T.Au(Eds.), *Handbook of Perception and Cognition*. **13**, *Perceptual and Cognitive Development*. Cambridge University Press.

Spelke, E. S. 1976 Infants' intermodal perception of events. *Cognitive Psychology*, **8**, 553-560.

Spelke, E. S., Born, W. S., & Chu, F. 1983 Perception of moving, sounding objects by four-month-old infants. *Perception*, **12**, 719-732.

Spence, C., Sanabria, D., & Soto-Faraco, S. 2007 Intersensory "Gestalten and Crossmodal Scene Perception". In K. Noguchi (Ed.), *The Psychology of Beauty and Kansei: A New Horizon for Gestalt Perception*. Fuzambo International, Tokyo. Pp.519-579.

Streri, A. 2003 Cross-modal recognition of shape from hand to eyes in human newborns. *Somatosense & Motor Research*, **20**(1), 13-18.

Streri, A. & Gentaz, E. 2004 Cross-modal recognition of shape from hand to eyes and handedness in human newborns. *Neuropsychologia*, **42**(10), 1365-1369.

Thelen, E. & Smith, L. B. 1994 *A dynamic systems approach to the development of cognition and action*. Cambridge, MA: MIT Press.

Turkewitz, G. 1994 Sources of order for intersensory functioning. In D. J. Lewkowicz & R. Lickliter(Eds.), *The development of intersensory perception-comparative perspectives*. Hillsdale, NJ: Lawrence Erlbaum Associates.

von der Heydt, R., Peterhans, E., & Baumgartner, G. 1984 Illusory contours and cortical neuron responses. *Science*, **224**, 1260-1262.

Vroomen, J. & de Gelder, B. 2000 Sound enhances visual perception: Cross-modal effects of auditory organization on visual perception. *Journal of Experimental Psychology: Human Perception and Performance*, **26**, 1583-1590.

和田有史・北川智利・大森馨子　2007　多感覚情報の知覚体制化"五感で感じる"　野口　薫（編）　美と感性の心理学―ゲシュタルト知覚の新しい地平―　冨山房インターナショナル　Pp.127-163.

Wada, Y., Shirai, N., Otsuka, Y., Midorikawa, A., Kanazawa, S., Dan, I., & Yamaguchi, M. K. (submitted) *Sound Enhances Visual Detection of Illusory Contour in Infants*.

Weikum, W., Vouloumanos, A., Navarro, J., Soto-Faraco, S., Sebastian-Galles, N., & Werker, J. F. 2007 Visual language discrimination in infancy. *Science*, 25 May, **316**(5828), 1159.

Werker, J. F. & Tees, R. C. 1984 Cross-language speech perception: Evidence for perceptual reorganization during the first year of life. *Infant Behavior and Development*, **7**, 49-63.

●9章

Barbet, I. & Fagot, J. 2002 Perception of the corridor illusion by baboons (*Papio papio*). *Behavioral Brain Research*, **132**, 111-115.

Bard, K. A., Myowa-Yamakoshi, M., Tomonaga, M., Tanaka, M., Costal, A., & Matsuzawa, T. 2005 Group differences in the mutual gaze of chimpanzees (*Pan troglodytes*). *Developmental Psychology*, **41**, 616-624.

Birch, E. E., Gwiazda, J., & Held, R. 1982 Stereoacuity development for crossed and uncrossed

disparities in human infants. *Vision Research*, **22**, 507-513.
Crawford, M. L. J., Pesch, T. W., & von Noorden, G. K. 1996 Excitatory binocular neurons are lost following prismatic binocular dissociation in infant monkeys. *Behavioural Brain Research*, **79**, 227-232.
Fineman, M. B. 1981 Complexity of context and orientation of figure in the corridor illusion. *Perceptual and Motor Skills*, **53**, 11-14.
Fox, R., Lehmkuhle, S., & Bush, R. C. 1977 Stereopsis in the falcon. *Science*, **197**, 79-81.
Fineman, M. B. 1981 Complexity of context and orientation of figure in the corridor illusion. *Perception and Motor Skills*, **53**, 11-14.
藤田和生　1998　比較認知科学への招待「こころ」の進化学　ナカニシヤ出版
Granrud, C. E., Yonas, A, & Opland, E. A. 1985 Infants' sensitivity to the depth cue of shading. *Perception & Psychophysics*, **37**, 415-419.
Gunderson, V. M., Yonas, A., Sargebt, P. L., & Grant-Webster, K. S. 1993 Infant macaque monkeys respond to pictorial depth. *Psychological Science*, **4**, 93-98.
Hershberger, W. 1970 Attached-shadow orientation perceived as depth by chickens reared in an environment illuminated from below. *Journal of Comparative Physiological Psychology*, **73**, 407-411.
Hess, E. H. 1950 Development of chick's responses to light and shade cues of depth. *Journal of Comparative Physiological Psychology*, **43**, 112-122.
Hess, E. H. 1961 Shadows and depth perception. *Scientific American*, **204**, 138-148.
伊村知子　2006　チンパンジーとヒトの乳児から見た二次元世界―「かげ」から奥行きを知覚する
伊村知子・柾木隆寿・北村元隆・鈴木まや・松中久美子（共著）　心理科学研究のフロンティア　関西学院大学出版会　Pp.7-21.
Imura, T. & Tomonaga, M. 2003 Perception of depth from shading in infant chimpanzees (Pan troglodytes). *Animal Cognition*, **6**, 253-258.
Imura, T. & Tomonaga, M. (in press) The effects of linear perspective on relative size discrimination in chimpanzees (*Pan troglodytes*) and humans (*Homo sapiens*). *Behavioural Processes*.
Kleffner, D. A. & Ramachandran, V. S. 1992 On the perception of shape from shading. *Perception & Psychophysics*, **52**, 18-36.
Kuwahata, H., Adachi, I., Fujita K., Tomonaga M., & Matsuzawa, T. 2004 Development of schematic face preference in macaque monkeys. *Behavioural Processes*, **66**, 17-21.
桑畑裕子・藤田和生・石川　悟・明和（山越）政子・友永雅己・田中正之・松沢哲郎　2003　顔図形の認識　友永雅己・田中正之・松沢哲郎（編著）　チンパンジーの認知と行動の発達　京都大学学術出版会　Pp.89-93.
Livingstone, M. S., Nori, S., Freeman, D. C., & Hubel, D. H. 1994 Stereopsis and binocularity in the squirrel monkey. *Vision Research*, **35**, 345-354.
McFadden, S. A. 1987 The binocular depth stereoacuity of the pigeon and its relation to the anatomical resolving power of the eye. *Vision Research*, **27**, 1967-1980.

Myowa-Yamakoshi, M., Tomonaga, M., Yamaguchi, M., Tanaka, M., & Matsuzawa, T. 2005 Development of face recognition in infant chimpanzees (Pan troglodytes). *Cognitive Development*, **20**, 49-63.

O'Dell, C. & Boothe, R. G. 1997 The development of stereoacuity in infant rhesus monkeys. *Vision Research*, **37**, 2675-2684.

Timney, B. & Keil, K. 1999 Local and global stereopsis in the horse. *Vision Research*, **39**, 1861-1867.

Tsuji, K., Hayashibe, K., Hara, M., & Matsuzawa, T. 2000 Visuo-motor development which causes detection of visual depth from motion and density cues. *Swiss Journal of Psychology*, **59**, 102-107.

Walk, R. D. & Gibson, E. J. 1961 A comparative and analytical study if visual depth perception. *Psychological Monograph*, **75**, 1-44.

● 10章

穐山富太郎 2002 診断と告知 穐山富太郎・川口幸義（編） 脳性麻痺ハンドブック─療育にたずさわる人のために 医歯薬出版 Pp.48-63.

Clifford, S., Young, R., & Williamson, P. 2007 Assessing the early characteristics of autistic disorder using video analysis. *Journal of Autism and Developmental Disorders*, **37**, 301-313.

土橋圭子 2007 生育支援のポイント 沖 高司・山中 勛・本城秀次・土橋圭子（編） 乳幼児の発達医療と生育支援 南山堂 Pp.195-222.

Einspieler, C., Kerr, A. M., & Prechtl, H. F. 2005 Abnormal general movements in girls with Rett disorder: the first four months of life. *Brain & Development*, **27**(Supplement 1), S8-S13.

Elisa, F., Josee, L., Oreste, F. G., Claudia, A., Antonella, L., Sabrina, S., & Giovanni, L. 2002 Gross motor development and reach on sound as critical tools for the development of the blind child. *Brain & Development,* **24**, 269-275.

Fellman, V. & Huotilainen, M. 2006 Cortical auditory event-related potentials in newborn infants. *Seminars in Fetal & Neonatal Medicine*, **11**, 452-458.

Guttorm, T. K., Leppanen, P. H., Poikkeus, A. M., Eklund, K. M., Lyytinen, P., & Lyytinen, H. 2005 Brain event-related potentials (ERPs) measured at birth predict later language development in children with and without familial risk for dyslexia. *Cortex*, **41**, 291-303.

Guzzetta, A., Belmonti, V., Battini, R., Boldrini, A., Bruna Paolicelli, P., & Cioni, G. 2007 Does the assessment of general movements without video observation reliably predict neurological outcome? *European Journal of Paediatric Neurology*, **11**, 362-367.

Hadders-Algra, M. 2004 General movements: A window for early identification of children at high risk for developmental disorders. *The Journal of Pediatrics*, **145**, S12-S18.

Hadders-Algra, M. & Groothuis, A. M. 1999 Quality of general movements in infancy is related to neurological dysfunction, ADHD, and aggressive behaviour. *Developmental Medicine and Child Neurology*, **41**, 381-391.

加我牧子 2007 AD/HDの症状から診断へ 宮島 祐・田中英高・林 北見（編） 小児科医のための注意欠陥/多動性障害-AD/HDの診断・治療ガイドライン 中央法規出版

Pp.48-50.
金井智恵子・長田洋和・小山智典・栗田　広　2004　広汎性発達障害スクリーニング尺度としての乳幼児行動チェックリスト改訂版（IBC-R）の有用性の検討　臨床精神医学, **33**, 313-321.
喜多久美子・若林愼一郎　1993　自閉症の乳幼児期の発達経過について　小児の精神と神経, **33**, 21-32.
小林隆児・財部盛久　1999　アスペルガー症候群の治療―心理社会的アプローチを中心に―　精神科治療学, **14**, 53-57.
熊谷俊幸　2007　小児神経科―神経疾患の見分け方と診断アプローチの方法　沖　高司・山中　劦・本城修次・土橋圭子（編）　乳幼児の発達医療と生育支援　南山堂　Pp.46-59.
栗田　広　1999　総論―アスペルガー症候群―　精神科治療学, **14**, 3-13.
Losche, G. 1990 Sensorimotor and action development in autistic children from infancy to early childhood. *Journal of Child Psychology and Psychiatry and Allied Disciplines*, **31**, 749-761.
長田洋和・中野知子・長沼洋一・瀬戸屋雄太郎・立森久照・渡邊友香　2000　広汎性発達障害スクリーニング尺度としての乳幼児期行動チェックリスト（IBC）に関する研究　臨床精神医学, **29**, 169-176.
中根　晃　1999　発達障害の臨床　金剛出版
Prechtl, H. F. 2001 General movement assessment as a method of developmental neurology: new paradigms and their consequences. The 1999 Ronnie MacKeith lecture. *Developmental Medicine and Child Neurology*, **43**, 836-842.
Prechtl, H. F., Cioni, G., Einspieler, C., Bos, A. F., & Ferrari, F. 2001 Role of vision on early motor development: lessons from the blind. *Developmental Medicine and Child Neurology*, **43**, 198-201.
Seme-Ciglenecki, P. 2003 Predictive value of assessment of general movements for neurological development of high-risk preterm infants: comparative study. *Croatian Medical Journal*, **44**, 721-727.
Shepherd, A. J., Saunders, K. J., McCulloch, D. L., & Dutton, G. N. 1999 Prognostic value of flash visual evoked potentials in preterm infants. *Developmental Medicine and Child Neurology*, **41**, 9-15.
Snider, L. M., Majnemer, A., Mazer, B., Campbell, S., & Bos, A. F. (in press) A comparison of the general movements assessment with traditional approaches to newborn and infant assessment: Concurrent validity. *Early Human Development*.
田中康雄　2001　ADHDの明日に向かって　星和書店
常石秀市　2002　神経生理学的アプローチ―VEPを中心に―　脳と発達, **34**, 141-146.
Trevarthen, C. & Daniel, S. 2005 Disorganized rhythm and synchrony: early signs of autism and Rett syndrome. *Brain & Development*, **27**(Supplement 1), S25-S34.

● 11章
Atkinson, J. 2000 The interlinked approach to development of attention and action. In J.

Atkinson(Ed.), *The developing visual brain.* Oxford, New York: Oxford University Press. Pp.107-134.

Banks, M. S. & Shannon, E. 1993 Spatial and chromatic visual efficiency in human neonates. In C. Granrud(Ed.), *Visual perception and cognition in infancy.* Hillsdale, N. J.: L. Erlbaum Associates. Pp.1-46.

Berson, D. M., Dunn, F. A., & Takao, M. 2002 Phototransduction by retinal ganglion cells that set the circadian clock. *Science,* **295,** 1070-1073.

Bibb, L. C., Holt, J. K., Tarttelin, E. E., Hodges, M. D., Gregory-Evans, K., Rutherford, A., Lucas, R. J., Sowden, J. C., & Gregory-Evans, C. Y. 2001 Temporal and spatial expression patterns of the CRX transcription factor and its downstream targets. Critical differences during human and mouse eye development. *Human Molecular Genetics,* **10,** 1571-1579.

Birch, E. E., Gwiazda, J., Bauer, J. A. Jr., Naegele, J., & Held, R. 1983 Visual acuity and its meridional variations in children aged 7-60 months. *Vision Research,* **23,** 1019-1024.

Braddick, O., Atkinson, J., French, J., & Howland, H. C. 1979 A photorefractive study of infant accommodation. *Vision Research,* **19,** 1319-1330.

Brown, A. M. 1990 Development of visual sensitivity to light and color vision in human infants: a critical review. *Vision Research,* **30,** 1159-1188.

Bushnell, I. W. 1979, Modification of the externality effect in young infants. *Journal of Experimental Child Psychology,* **28,** 211-229.

Bushnell, I. W. 1982 Discrimination of faces by young infants. *Journal of Experimental Child Psychology,* **33,** 298-308.

Bushnell, I. W., Sai, F., & Mullin, J. T. 1989 Neonatal recognition of the mother's face. *British Journal of Developmental Psychology,* **7,** 3-15.

Cepko, C. L., Austin, C. P., Yang, X., Alexiades, M., & Ezzeddine, D. 1996 Cell fate determination in the vertebrate retina. *Proceedings of the National Academy of Sciences USA,* **93,** 589-95.

Dayton, G. O. Jr., Jones, M. H., Aiu, P., Rawson, R. A., Steele, B., & Rose, M. 1964 Developmental study of coordinated eye movements in the human infant I. visual acuity in the newborn human: a study based on induced optokinetic nystagmus recorded by electro-oculography. *Archives of Ophthalmology,* **71,** 865-70.

DiScala, C., Sege, R., Li, G., & Reece, R. M. 2000 Child abuse and unintentional injuries a 10-year retrospective. *Archives of Pediatrics and Adolescent Medicine,* **154,** 16-22.

Fantz, R. L. 1963 Pattern vision in newborn infants. *Science,* **140,** 296-297.

Fei, Y. 2003 Development of the cone photoreceptor mosaic in the mouse retina revealed by fluorescent cones in transgenic mice. *Molecular Vision,* **9,** 31-42.

Field, T. M., Woodson, R., Greenberg, R., & Cohen, D. 1982 Discrimination and imitation of facial expression by neonates. *Science,* **218,** 179-181.

Fulton, A. B., Dodge, J., Hansen, R. M., & Williams, T. P. 1999 The rhodopsin content of human eyes. *Investigative Ophthalmology and Visual Science,* **40,** 1878-1883.

Goren, C. C., Sarty, M., & Wu, P. Y. 1975 Visual following and pattern discrimination of face-like stimuli by newborn infants. *Pediatrics*, **56**, 544-549.

Gorman J. J., Cogan D. G., & Gellis, S. S. 1957 An apparatus for grading the visual acuity of infants on the basis of opticokinetic nystagmus. *Pediatrics*, **19**, 1088-1092.

Hannibal, J. & Fahrenkrug, J. 2004 Melanopsin containing retinal ganglion cells are light responsive from birth. *Neuroreport*, **15**, 2317-2320.

Hao, H. & Rivkees, S. A. 1999 The biological clock of very premature primate infants is responsive to light. *Proceedings of the National Academy of Sciences USA*, **96**, 2426-2429.

Hood, D. C., Birch, D., & Birch E. E. 1993 Use of models to improve hypothesis delineation: A study of infant electroretinography. In K. Simons(Ed.), *Early visual development: normal and abnormal*. New York: Oxford University Press. Pp.517-535.

Johnson, M. H., Dziurawiec, S., Ellis, H., & Morton, J. 1991 Newborns' preferential tracking of face-like stimuli and its subsequent decline. *Cognition*, **40**, 1-19.

Kivlin, J. D., Simons, K. B., Lazoritz, S. L., & Ruttum, M. S. 2000 Shaken baby syndrome. *Ophthalmology*, **107**, 1246-1254.

Leard, L. E., Macdonald, E. S., Heller, H. C., & Kilduff, T. S. 1994 Ontogeny of photic-induced c-fos mRNA expression in rat suprachiasmatic nuclei. *Neuroreport*, **5**, 2683-2687.

Leventhal, J. M., Garber, R. B., & Brady, C. A. 1989 Identification during the postpartum period of infants who are at high risk of child maltreatment. *Journal of Pediatrics*, **114**, 481-487.

Lucas, R. J., Hattar, S., Takao, M., Berson, D. M., Foster, R. G., & Yau, K. W. 2003 Diminished pupillary light reflex at high irradiances in melanopsin-knockout mice. *Science*, **299**, 245-247.

Malloy, M. H. & Hoffman, H. J. 1995 Prematurity, sudden infant death syndrome, and age of death. *Pediatrics*, **96**, 464-471.

Mann, N. P., Haddow, R., Stokes, L., Goodley, S., & Rutter, N. 1986 Effect of night and day on preterm infants in a newborn nursery: randomised trial. *British Medical Journal: Clinical Research Edition*, **293**, 1265-1267.

Marg, E., Freeman, D. N., Peltzman, P., & Godstein, P. J. 1976 Visual acuity development in human infants: evoked potential measurements. *Investigative Ophthalmology*, **15**, 150-153.

Mayer, D. L. & Dobson, V. 1980 Assessment of vision in young children: a new operant approach yields estimates of acuity. *Investigative Ophthalmology and Visual Science*, **19**, 566-570.

Mayer, D. L. & Dobson, V. 1982 Visual acuity development in infants and young children, as assessed by operant preferential looking. *Vision Research*, **22**, 1141-1151.

Meltzoff, A. N. & Moore, M. K. 1977 Imitation of facial and manual gestures by human neonates. *Science*, **198**, 74-78.

Milewski, A. E. 1976 Infants' discrimination of internal and external pattern elements. *Journal of Experimental Child Psychology*, **15**, 229-246.

Miller, C. L., White, R., Whitman, T. L., O'Callaghan, M. F., & Maxwell, S. 1995 The effects of cycled versus noncycled lighting on growth and development in preterm infants. *Infant Behavior and Development*, **18**, 87-95.

Moore, R. Y. 1993 Organization of the primate circadian system. *Journal of Biological Rhythms*, **8**(Supplement), S3-S9.

Morante, A., Dubowitz, L. M., Leven, M., & Dubowitz, V. 1982 The development of visual function in normal and neurologically abnormal preterm and fullterm infants. *Developmental Medicine and Child Neurology*, **24**, 771-784.

O'Brien, K. M., Schulte, D., & Hendrickson, A. E. 2003 Expression of photoreceptor-associated molecules during human fetal eye development. *Molecular Vision*, **9**:401-409.

Ohta, H., Mitchell, A., & McMahon, D. G. 2006 Constant light disrupts the developing mouse biological clock. *Pediatric Research*, **60**, 304-308.

Ohta, H., Yamazaki, S., & McMahon, D. G. 2005 Constant light desynchronizes mammalian clock neurons. *Nature Neuroscience*, **8**, 267-269.

Provencio, I., Jiang, G., De Grip, W. J., Hayes, W. P., & Rollag, M. D. 1998 Melanopsin: An opsin in melanophores, brain, and eye. *Proceedings of the National Academy of Sciences USA*, **95**, 340-345.

Provencio, I., Rodriguez, I. R., Jiang, G., Hayes, W. P., Moreira, E. F., & Rollag, M. D. 2000 A novel human opsin in the inner retina. *Journal of Neuroscience*, **20**, 600-605.

Reppert, S. M. & Weaver, D. R. 2002 Coordination of circadian timing in mammals. *Nature*, **418**, 935-941.

Salapatek, P. 1975 Pattern Perception in early infancy. In L. B. Cohen, & P. Salapatek (Eds), *Infant perception: from sensation to cognition, Vol. I*. New York: Academic Press. Pp.133-248.

Sekaran, S., Foster, R. G., Lucas, R. J., & Hankins, M. W. 2003 Calcium imaging reveals a network of intrinsically light-sensitive inner-retinal neurons. *Current Biology*, **13**, 1290-1298.

Sekaran, S., Lupi, D., Jones, S. L., Sheely, C. J., Hattar, S., Yau, K. W., Lucas, R. J., Foster, R. G., & Hankins, M. W. 2005 Melanopsin-dependent photoreception provides earliest light detection in the mammalian retina. *Current Biology*, **15**, 1099-1107.

Sokol, S. & Moskowitz, A. 1985 Comparison of pattern VEPs and preferential-looking behavior in 3-month-old infants. *Investigative Ophthalmology and Visual Science*, **26**, 359-365.

Stanton, M. P., Seidl, A., Pillitteri, A., & Smith, C. 1994 Nurses' attitudes toward emotional, sexual, and physical abusers of children with disabilities. *Rehabilitation Nursing*, **19**, 214-218.

Tarttelin, E. E., Bellingham, J., Bibb, L. C., Foster, R. G., Hankins, M. W., Gregory-Evans, K., Gregory-Evans, C. Y., Wells, D. J., & Lucas, R. J. 2003 Expression of opsin genes early in ocular development of humans and mice. *Experimental Eye Research*, **76**, 393-396.

Teller, D. Y. 1997 First glances: the vision of infants. the Friedenwald lecture. *Investigative Ophthalmology and Visual Science*, **38**, 2183-203.

Teller, D. Y. & Lindsey, D. T. 1993 Infant color vision: OKN techniques and null-plane analysis. In K. Simons (Ed.), *Early visual development: normal and abnormal*. New York: Oxford University Press. Pp.143-162.

Van Boemel, G. B. & Ogden, T. E. 2001 Clinical electrophysiology. In S. J. Ryan (Ed.), *Retina*. St. Louis: Mosby. Pp.317-339.

Weaver, D. R. & Reppert, S. M. 1995 Definition of the developmental transition from dopaminergic to photic regulation of c-fos gene expression in the rat suprachiasmatic nucleus. *Brain Research Molecular Brain Research*, **33**, 136-148.

Young, R. W. 1985 Cell differentiation in the retina of the mouse. *Anatomical Record*, **212**, 199-205.

●12章

Delpy, D. T. & Cope, M. 1997 Quantification in tissue near-infrared spectroscopy. *Philosophical Transactions of the Royal Society London B*, **352**, 649-659.

Friston, K. J., Holmes, A. P., Worsley, K. J., Poline, J. P., Frith, C. D., & Frackowiak, R. S. J. 1995 Statistical parametric maps in functional imaging: a general linear approach. *Human Brain Mapping*, **2**, 189-210.

Matsuda, G. & Hiraki, K. 2006 Sustained decrease in oxygenated hemoglobin during video games in the dorsal prefrontal cortex: A NIRS study of children. *NeuroImage*, **29**, 706-711.

Minagawa-Kawai, Y., Mori, K., Naoi, N., & Kojima, S. 2007 Neural attunement processes in infants during the acquisition of a language-specific phonemic contrast. *Journal of Neuroscience*, **27**(2), 315-321.

Okamoto, M., Dan, H., Sakamoto, K., Takeo, K., Shimizu, K., Kohno, S., Oda, I., Isobe, S., Suzuki, T., Kohyama, K., & Dan, I. 2004 Three-dimensional probabilistic anatomical craniocerebral correlation via the international 10-20 system oriented for transcranial functional brain mapping. *NeuroImage*, **21**, 99-111.

Otsuka, Y., Nakato, E., Kanazawa, S., Yamaguchi, M. K., Watanabe, S., & Kakigi, R. 2007 Neural activation to upright and inverted faces in infants measured by near-infrared spectroscopy. *NeuroImage*, **34**, 399-406.

Pena, M., Maki, A., Kovacic, D., Dehaene-Lambertz, G., Koizumi, H., Bouquet, F., & Mehler, J. 2003 Sounds and silence: an optical topography study of language recognition at birth. *Proceedings of the National Academy of Sciences of the United States of America*, **100**, 11702-11705.

Schroeter, M. L., Bucheler, M. M., Muller, K., Uludag, K., Obrig, H., Lohmann, G., Tittgemeyer, M., Villringer, A., & von Cramon, D. Y. 2004a Towards a standard analysis for functional near-infared imaging. *NeuroImage*, **21**, 283-290.

Schroeter, M. L., Zysset, S., Kruggel, F., & von Cramon, D. Y. 2003 Age-dependency of the hemodynamic response as measured by functional near-infrared spectroscopy. *NeuroImage*, **19**, 555-564.

Schroeter, M. L., Zysset, S., Wahl, M. M., & von Cramon D. Y. 2004b Prefrontal activation due to Stroop interference increases during development? an event-related fNIRS study. *NeuroImage*, **23**, 1317-1325.

Shimada, S. & Hiraki, K. 2006 Infant's brain responses to live and televised action. *NeuroImage*, **32**, 930-939.

Shimada, S., Hiraki, K., & Oda, I. 2005 The parietal role in the sense of self-ownership with temporal discrepancy between visual and proprioceptive feedbacks. *NeuroImage*, **24**, 1225-1232.

Singh, A. K. & Dan, I. 2006 Exploring the false discovery rate in multichannel NIRS. *NeuroImage*, **33**, 542-549.

Taga, G., Asakawa, K., Maki, A., Konishi, Y., & Koizumi, H. 2003 Brain imaging in awake infants by near-infared optical topography. *Proceedings of the National Academy of Sciences of the United States of America*, **100**, 10722-10727.

索 引

■あ
アイコンタクト　118
愛着形成　114
identity hypothesis　39
明るさ（brightness）　24
明るさの対比　9
アスペルガー障害　114
アトキンソン（Atkinson, J.）　65
ANOVA　139
アモーダル（amodal）　85
アモーダル補完　37

■い
1次視覚野（V1）　25
一次の関係情報（first-order relational information）　71
遺伝子増幅法（RT-PCR法）　124
移動運動　49
イベントリレイテッド（ER）デザイン　136
色の拡散（color diffusion）　24
色の恒常性　8
色の誘導　9
陰影（shading）　60
インターモーダル　84

■う
ウェルトハイマー（Wertheimer, M.）　15
ウォーク（Walk, R. D.）　57
運動透明視（motion transparency）　66

■え
映像情報の処理　131
エーレンシュテイン図形　24

Effect size解析　137
FDR　139

■お
奥行き（depth）　24
オットール（O'Toole, A. J.）　74
oblique effect　50
オペラント条件付け　39

■か
絵画的奥行き手がかり（pictorial depth cue）　60
外側膝状体　123
仮視運動　45
カテゴリー　18
カニッツァ（Kanizsa, G.）　24
カブシェック（Kavsek, M.）　28
カンウィシャー（Kanwisher, N.）　76
感覚統合　84
感覚様相　84
眼球運動　45
環境中心的参照枠　48
感性的特性　24
桿体細胞　1
関連性理論（Relatability theory）　38

■き
既知顔　71
機能的核磁気共鳴画像法（fMRI）　32, 133
ギブソン（Gibson, E. J.）　57, 84
きめの勾配（texture gradient）　60, 105
共通運命の要因　15
局所的情報　13
近赤外分光法（Near-Infrared

165

Spectroscopy；NIRS) 76
近接の要因　14

■く
クイン（Quinn, C.）　20
空間周波数　13
空間定位　89
グループ解析　139
グローバル優位性効果　17
クロスモーダル（cross-modal）　85
群化　14

■け
ゲシュタルト法則　15
結合問題（binding problem）　83
ケルマン（Kellman, P. J.）　29, 38, 39

■こ
高機能自閉症　114
広汎性発達障害（pervasive developmental disorder；PDD）　114
恒明環境　129
光路長　134
コーンオプシン　121, 122, 131
CONSPEC　70
コントラスト　73, 127
CONLERN　70

■さ
サッチャー錯視　72
酸化ヘモグロビン（oxyHb）　133
三次元構造　75
参照枠（frame of reference/reference frame）　47

■し
GLM解析　137
ジェネラル・ムーヴメント（General Movements；GMs）　116

視蓋前域オリーブ核（olivary pretectal nuclei）　123
視覚経験　45
視覚的断崖　57
視覚的補完　23
視覚誘発電位（Visual evoked potentials；VEPs）　58
時系列データ　138
刺激勾配　23
視交叉上核　123, 130
視神経　123
視覚誘発電位（visual evoked potential；VEP）　118
実験デザイン　136
シブラ（Csibra, G.）　30
シフレイ（Shipley, T. F.）　38
自閉症スペクトラム（autism spectrum disorders）　114
自閉性障害（autistic disorder）　114
下條信輔（Shimojo, S.）　37
遮蔽　37
11-シス型レチナール（11-cis-retinaldehyde）　122
重力軸　47
主観的輪郭　24
馴化　16
象徴的遊び　118
上丘　70
小児期崩壊性障害　114
正面顔　79
初期知覚　24
初期視覚皮質（2次視覚野：V2）　25
新奇顔　71
神経生理学的研究　32

■す
錐体細胞　1
睡眠サイクル　123
杉田陽一（Sugita, Y.）　8
図と地の分化　13

索　引

スネレン（Snellen）値　127
スペルキー（Spelke, E. S.）　29, 39
スペンス（Spence, C.）　83
スレーター（Slater, A.）　18, 45

■せ
生物時計　123, 130
節細胞　122
線遠近法（linear perspective）　60
線結合（line junction）　60
選好注視　16
選好リーチング課題（preferential reaching tasks）　61
全体的な布置情報（configuration）　71

■そ
側頭葉　140
早産児　121
相対的大きさ（relative size）　60
総ヘモグロビン（totalHb）　133
相貌失認患者　69
外枠効果　18

■た
大気遠近法（aerial perspective）　60
体性感覚誘発電位（somatosensory evoked potential；SEP）　118
脱酸化ヘモグロビン（deoxyHb）　133
ダブルフラッシュ錯覚　86
単眼性奥行き手がかり（monocular depth cue）　60
ダンナミラー（Dannemiller, J. L.）　8

■ち
知覚の体制化　13
注意欠陥・多動性障害（attention deficit/hyperactivity disorder；ADHD）　115

■つ
追視行動　128

■て
テラー（Teller, D.）　4
テンポ　89

■と
同期　88
瞳孔反射　123
投射影（cast shadow）　60
倒立効果　72
ドブキンス（Dobkins, K. R.）　7

■な
ナカヤマ（Nakayama, K.）　37

■に
二次の関係情報（second-order relational information）　71
乳幼児行動チェックリスト（IBC）　117

■の
脳機能イメージング　32
脳性麻痺（cerebral palsy；CP）　113, 116
脳波（EEG）　31
ノック・アウトマウス　127
non-rigid motion　74

■は
バークレイ（Berkeley, G.）　84
バーテンサール（Bertenthal, B. I.）　26
バーリック（Bahrick, L. E.）　93
バウアー（Bower, T. G. R.）　39
パスカリス（Pascalis, O.）　74
バレンタイン（Valentine, T.）　72
ハワード（Howard, I.）　47
ハンコ（Hanko, S. A.）　8

167

■ひ
ピアジェ（Piaget, J.）　39, 51
ビーチ（Birch, E. E.）　59
光環境　121
光受容体　122
皮質（cortex）　18, 64
皮質下（sub cortex）　64
左半球優位性　140
非同期　88

■ふ
ファラ（Farah, M. J.）　69
Fidgety（そわそわ）期　116
副尺視力　33
腹話術効果　86
ブッシュネル（Bushnell, I. W. R.）　18, 70
ブラディック（Braddick, O.）　59
ブレグマン（Bregman, A. L.）　37
ブレムナー（Bremner, J. G.）　51
ブロックデザイン　136
分子生物学　124

■へ
paird t-検定　139
閉合の要因　14

■ほ
放射運動情報　64
母子間コミュニケーション　131
Bonferroni補正　139

■ま
マガーク効果　84
マルチモーダル　84
満期出産児　121

■み
未熟児　119
ミショット（Michotte, A.）　37

ミスマッチ陰性電位（mismatch negativity；MMN）　119
ミラーシステム　141
ミレウスキ（Milewski, A. E.）　18

■め
明暗情報　124
明暗情報の処理　131
明度（lightness）　24
メラノプシン（melanopsin）　121, 131
面　24
免疫染色法　124

■も
網膜　1
網膜軸　47
網膜節細胞　130
網膜電位（Electroretinogram；ERG）　126
モジュール　83

■ゆ
誘導図形　24

■よ
よい形の要因　14
よい連続の要因　14
陽電子断層撮影法（PET）　133
横顔　79
ヨナス（Yonas, A.）　28, 61

■ら
Writhing（もがき）期　116
ランダムドットステレオグラム（Random Dot Stereogram；RDS）　58
ランドマーク　136

■り
rigid motion　74
リズム　89

リープマン効果　13
両眼立体視　58
両眼視差（binocular disparity）　58
輪郭密度　13

■る
類同の要因　14
ルビン（Rubin, E.）　13
ルビンの杯　13

■れ
レット障害　114

■ろ
rod-frame錯視　48
ロドプシン　121, 131

■わ
Y字結合（Y-junction）　62

【編者紹介】

山口　真美（やまぐち・まさみ）

1964年　神奈川県藤沢市に生まれる
1994年　ATR人間情報通信研究所
1995年　お茶の水女子大学人間文化研究科人間発達科学専攻修了
1996年　福島大学生涯学習教育研究センター
現　在　中央大学文学部教授・博士（人文科学）
主　著　赤ちゃんは顔を読む　紀伊國屋書店　2003年
　　　　視覚世界の謎に迫る　講談社ブルーバックス　2006年
　　　　赤ちゃんは世界をどう見ているのか　平凡社新書　2006年
　　　　正面を向いた鳥の絵が描けますか？　講談社アルファ新書　2007年

金沢　創（かなざわ・そう）

1966年　兵庫県に生まれる
1996年　京都大学理学研究科博士課程霊長類学専攻修了
現　在　淑徳大学総合福祉学部准教授・博士（理学）
主　著　他者の心は存在するか　金子書房　1999年
　　　　他人の心を知るということ　角川書店　2003年
　　　　妄想力　光文社　2007年

【執筆者一覧（執筆順）】

山口　真美	編者		01
吉野　大輔	日本大学文理学部		02, 03, 04
大塚　由美子	日本学術振興会，東京女子医科大学乳児行動発達学講座		02, 03, 04
鶴原　亜紀	中央大学研究開発機構		05
白井　述	日本学術振興会，首都大学東京人文科学研究科		06
伊村　知子	日本学術振興会，京都大学霊長類研究所		06, 09
仲渡　江美	中央大学理工学研究所		07
橋彌　和秀	九州大学大学院人間環境学研究院		08
和田　有史	（独）農業・食品産業技術総合研究機構食品総合研究所		08
友永　雅己	京都大学霊長類研究所		09
緑川　晶	中央大学文学部		10
太田　英伸	東北大学病院周産母子センター		11
嶋田　総太郎	明治大学理工学部		12

知覚・認知の発達心理学入門　実験で探る乳児の認識世界

2008年3月20日　初版第1刷印刷
2008年3月30日　初版第1刷発行

定価はカバーに表示してあります。

編　者　山　口　真　美
　　　　金　沢　　　創
発行所　㈱北大路書房
〒603-8303　京都市北区紫野十二坊町12-8
電　話　(075) 431-0361㈹
FAX　(075) 431-9393
振　替　01050-4-2083

© 2008　制作／ラインアート日向・華洲屋　　印刷・製本／創栄図書印刷㈱
検印省略　落丁・乱丁本はお取り替えいたします
ISBN978-4-7628-2599-6　　　　　　　　　　　　　　　Printed in Japan